AF209684

Reinhardsbrunner Poesiealbum

Eine Anthologie der Poesienächte

Autoren:
Dr. R. Scharff
Martina Giese-Rothe
DI FH Peter Köllner
Claudia Paal
Walter Dawidowicz
Jürgen Herwig
Andreas Paasche
Uwe Zerbst

Herausgeber
Martina Giese-Rothe und Peter Köllner

2025

Bibliografische Information der Deutschen Nationalbibliothek: Die Deutsche Nationalbibliothek verzeichnet diese Publikation in der Deutschen Nationalbibliografie; detaillierte bibliografische Daten sind im Internet über dnb.dnb.de abrufbar.

Die automatisierte Analyse des Werkes, um daraus Informationen insbesondere über Muster, Trends und Korrelationen gemäß § 44b UrhG (»Text und Data Mining") zu gewinnen, ist untersagt.

Neuausgabe, ISBN: 978-3-7693-9848-9

Layout, Design und Cover-Design: Peter Köllner, Sören Macholdt

Cover-Fotos: Martina Giese-Rothe

Verlag: BoD · Books on Demand GmbH, Überseering 33, 22297 Hamburg, bod@bod.de

Druck: Libri Plureos GmbH, Friedensallee 273, 22763 Hamburg

Erstausgabe 2016, MACHOLDT - DER VERLAG

Nichts passt besser zu Reinhardsbrunn und seiner Vorgeschichte als Poesie und Lyrik. Diese Idee fiel auf fruchtbaren Boden, wurde aufgenommen und konnte tatsächlich umgesetzt werden. Seit 2013 fand so alljährlich die »Reinhardsbrunner Poesienacht« statt, und das mit großer Resonanz. Ziel war es nicht nur kulturelle Impulse für unsere Region, sondern auch einen Blick über diese hinaus geben zu können. In diesem Buch finden Sie eine Zusammenstellung der besten Beiträge der Jahre 2013 bis 2016. Es geht natürlich auch um Schloss Reinhardsbrunn ... eine bunte Vielfalt von Gedanken, Gedichten und Geschichten finden Sie hier im ...

»Reinhardsbrunner Poesiealbum«

Erfahren Sie, was Reinhardsbrunn so erlebenswert macht.

Warum ist Reinhardsbrunn für Elisabeth von Ungarn, Thüringen und Hessen, die Heilige Elisabeth, von fundamentaler Bedeutung?

Warum wohl steht heute anstelle des ehemaligen Benediktiner-Klosters das Schloss Reinhardsbrunn – finden wir hier eine Antwort darauf?

Beobachten Sie, wie Queen Victoria von Großbritannien und ihr Prinzgemahl Albert zum ersten Mal gemeinsam in Reinhardsbrunn zu Gast waren.

Dr. R. Scharff • Martina Giese-Rothe
Peter Köllner • Claudia Paal • Walter Dawidowicz
Jürgen Herwig • Andreas Paasche • Uwe Zerbst

Inhalt

Die Autoren

Inhalt – den Autoren zugeordnet

Peter Köllner

Claudia Paal

Walter Dawidowicz

Jürgen Herwig

Andreas Paasche

Uwe Zerbst

Thüringen

Mein Land
Meine Heimat
Mein Thüringen
Ein Land im Werden

Ein Tal
Der Ruhe
Der Stille
Der Geborgenheit

Hier bin ich zu Hause

Martina Giese-Rothe
2015

Prolog

Reinhardsbrunn im Thüringer Wald

Hier liegt verträumt und verschlafen das Schloss Reinhardsbrunn. Es macht den Eindruck eines verwünschten Daseins, denn beim näheren Betrachten sieht man den fortschreitenden Verfall des einstigen glanzvollen Schlosses und vormaligen Klosters. Dennoch ist für viele das Schloss ein Märchenschloss. Seit dessen Bestehen verweilten hier viele namhafte Persönlichkeiten, u. a. Landgräfin Elisabeth von Thüringen, Martin Luther, Königin Victoria u. v. m. Trotz des derzeitigen Zustandes genießen das Schloss und die Parkanlagen große Beliebtheit bei Groß und Klein. Immer noch geht von hier eine prickelnde Faszination aus und somit hat dieser Ort heute, wie damals, eine nur schwer beschreibbare Anziehungskraft auf Besucher aus nah und fern. Durch die schönen Erinnerungen der vielen Menschen, die hier Zeit verbrachten, sowie die wundervollen Momente, die viele hier erlebten und die für sie unvergesslich sind, steht fest, dass dieses ehemalige Kloster und Schloss nicht verfallen und aufgegeben werden darf. Deshalb haben wir uns zusammengetan, um aufmerksam zu machen und neues Leben in und um das Schloss mit seinem Innen- und Außenpark zu bringen.

Anfangs war es nur ein Gedanke, eine Poesienacht zu veranstalten, eine Traumvorstellung, denn nichts passt besser zu diesem Ort und seiner Vorgeschichte als Poesie und Lyrik.
Wider Erwarten fand diese Idee Anklang, wurde aufgenommen und konnte tatsächlich umgesetzt werden.

Seit 2013 findet alljährlich die "Reinhardsbrunner Poesienacht" statt, und das mit großer Resonanz. Wichtig war uns dabei, dass vor allem Künstler und Lyriker der Heimat hier eingebunden werden und sich präsentieren können. Gern gesehen sind auch Mitwirkende und Gäste, die es uns ermöglichen, auf diese poetische Art den Blick über Reinhardsbrunn hinaus zu richten und somit Impulse für unsere Region geben zu können.

Umso mehr freut es uns, dass wir parallel dazu mit den Teilnehmern dieses Poesiebuch herausbringen können. Dieses Büchlein soll die breit gefächerten Beiträge und das bunte Programm der Abende widerspiegeln. Die einzelnen Autoren werden hierbei jeweils mit ihrer Vita vorgestellt. Wir bedanken uns bei allen Teilnehmern für die gute Zusammenarbeit.

Unser besonderer Dank gilt Herrn Pfarrer Christfried Boelter, der uns im Rahmen des Elisabeth-Tages bei der Durchführung der Poesienacht unterstützt und dem Macholdt-Verlag, der uns das Erscheinen der Erstauflage dieser Anthologie ermöglicht hat.

Viel Freude beim Lesen wünschen

Martina Giese-Rothe
Peter Köllner

Zum Geleit

2007 wurde in Reinhardsbrunn eine neue Tradition geboren – der Elisabethtag. Der 800. Geburtstag der ungarischen Königstochter, Thüringer Landgräfin und Heiliggesprochenen, Hospitalgründerin und Wohltäterin wurde im Freistaat Thüringen mit vielen Ausstellungen und Veranstaltungen begangen. Reinhardsbrunn zählt zu den wenigen originalen Elisabethorten. Hauskloster und Grablege der Landgrafenfamilie waren für Elisabeth ein wichtiger Bezugspunkt, die Beisetzung ihres geliebten Mannes, Ludwig IV. 1228 in Reinhardsbrunn bedeutete für sie schmerzlichen Abschied von ihrem Mann, von ihren Kindern, von der Rolle als Landgräfin von Thüringen. Sie ging nach Marburg, gründete ihr Hospital und setzte sich bis zur Selbstaufgabe für ihre Armen und Kranken ein.

Trotz ihres frühen Todes mit 24 Jahren hinterließ sie leuchtende Spuren in der Geschichte.

An sie zu erinnern, die wegen ihrer unbedingten Christusnachfolge nur wenige Jahre nach ihrem Tod heiliggesprochen wurde, gab es 2007 auch in Reinhardsbrunn eine Vielzahl von Angeboten. Die Ausstellung "Elisabeth und Reinhardsbrunn" kann bis heute besichtigt werden und der damals eingeführte Reinhardsbrunner Elisabethtag, der am 25. August mit Gottesdienst, Theaterstück, Pflanzung der Elisabethrose und vielfältigen kulinarischen Angeboten Einheimische und Gäste zusammenführte, wurde fortan in jedem Jahr gefeiert.

Seit 2013 bekam der Reinhardsbrunner Elisabethtag durch die Verbindung mit der Reinhardsbrunner Poesienacht seinen besonderen Charakter. Die Lesungen, die Musik, die kulinarische Versorgung im Gelände von Kirche und Tourismus, eine abschließende Lichterprozession in den Schlosspark zur Grabstätte von Ludwig IV. fanden viel Interesse. Von Anfang an war es bewundernswert zu erleben, welche literarischen Schätze in der Region verborgen sind. Frauen und Männer aus unterschiedlichen Berufen und in unterschiedlichen Lebensphasen lasen aus ihren Werken und machten deutlich, wie sie mit Reinhardsbrunn in Geschichte und Gegenwart verbunden sind.

Der vorliegende Band legt davon ein beredtes Zeugnis ab. Es ist den Initiatoren der Poesienacht Martina Giese-Rothe, Peter Köllner und Andreas Paasche herzlich zu danken, dass sie Jahr für Jahr das Programm vorbereiten, Friedrichrodaer Musiker motivieren den Abend mitzugestalten, entsprechend zu werben und für die Verpflegung zu sorgen.

Es steht dem Ort gut an, durch unterschiedliche Angebote auf sich aufmerksam zu machen und positive Zeichen zu setzen. Dies alles verbunden in der Hoffnung, dass Schloss Reinhardsbrunn eines Tages wieder zu alter Schönheit und Größe zurückfindet.

Die Thüringer Landesregierung ist auch an dieser Stelle an ihr Versprechen zu erinnern, durch eine Enteignung von Schloss und Park die Wende zum Besseren einzuleiten.

Christfried Boelter
Reinhardsbrunn im Juli 2016

1. Poesie-Nacht

Ganz leiser Jubel, nächtlich Staunen –
Kein großer Trubel, gute Launen.
Das war der Tenor, den man konnte erkennen –
Zarter Optimismus, das Thema benennen.
Der Inhalt, vergleichbar einem heiligen Gral,
ein Treffen in einem geöffneten Saal,
einem Zentrum mit spirituellem Flair –
hier spürt man den Anfang, bekommt Lust auf mehr,
das Kleinod, welches wir hier verehren,
das Reinhardsbrunner Schloss und sein Kloster.
Deren totalen Verfall gilt es zu verwehren –
für alle erkennbar auf manch traurigem Poster.
Doch Gebäude wie diese dienen nur als Altar
für die Würdigung und die Lehren aus der Geschichte,
dieser Ort trägt Erinnerungen an ein Paar,
dessen Vorbild in Moral von höchstem Gewichte
für das Miteinander der Menschen dient.
Zum Geburtstag einer heiligen Königstochter,
die durch ihr Wirken das "Heilig" verdient,
die Bewertung unseres heutigen Handelns erfährt:
Sind wir bös? Sind wir gut? Urteil: ungeklärt!
Auch der Ludwig trug manche barbarische Züge.
Verbunden mit der Gründung "Thüringer Land",
gab es sicherlich nicht nur manche Lüge,
erbitterte Kämpfe und manch blutige Hand.,

Geschick, Fleiß, Disziplin und Kraft,
alles, was geschaffen ward,
haben wir dem Volk zu danken, -
einem Volk, das nur so stark,
weil Geist und Führung, Handwerksfleiß,
auch Not, die oft erfinderisch,
damit auch Brot kam auf den Tisch –
kurz: hier wurde ein Stamm geschmiedet,
dem nichts geschenkt war in der Wiege.
So, wie man Pech und Schwefel siedet,
überwand man hier die Kriege,
hatte Diktatur zu dulden
bis der Krug dann überlief.
Freiheit, dieses Menschenrecht,
setzte Unfreiheit ein Ende,
doch erlebt ein Spruch von Brecht,
Unmoral spricht förmlich Bände,
deshalb geht es manchem schlecht.
Von der Gier, einer der Sünden,
die die Zeit der Wende fördert,
auch Reinhardsbrunner Leiden künden.
Jeder kennt sie, oft erörtert.
Ich hoffe, die Beharrlichkeit
des ehrenwerten Freundeskreises
hilft, dass endet bald der Streit,
»Wem gehört allein das Schloss,
Thüringens einstiger Schoß?«
Die Zeichen stehen gar nicht schlecht,
dass bald siegen Wahrheit und Recht!

Dr. R. Scharff
24.8.2013; 18.04.2016

Reinhardsbrunn - Die Perle der Leuba

Eine erzählerische Betrachtung nach Literaturstudien

Das wohl schönste Tal am nordöstlichen Fuße des Gebirgszuges des Thüringer Waldes mit seinem weithin bekannten Rennsteig wurde in Worten und Farben von Dichtern und Malern immer wieder verewigt. Wohl nicht erst der aufkommende Fremdenverkehr in Reinhardsbrunn und später dann in Friedrichroda hat die Seelen von Poeten, Besuchern und Bewohnern dieses Tales dazu bewegt, die Schönheit dieser Tallandschaft als inspirierend zu empfinden. In allen Epochen, seit uns die Geschichtsschreibung von Reinhardsbrunn berichtet, haben sich Menschen für diesen Platz begeistert.

Heute versuchen wir die geheimnisvollen Quellen von alten Überlieferungen und Sagen zu finden und mit dem Wissen von heute ein differenzierteres Bild und mögliches Szenario vom Entstehen und Werden von Reinhardsbrunn zu zeichnen.
Reinhardsbrunn wurde seitens der Literatur nicht vernachlässigt. Dennoch sind uns nur sehr spärliche Fakten aus der Entstehungszeit des Klosters bis zum Ende des 13. Jahrhunderts überliefert worden. Dazu haben geschichtlich belegte Ereignisse wesentlich beigetragen.
Das bedeutendste, aber auch verheerendste Ereignis, war der Klosterbrand in der Nacht vom 20. auf den 21. September (Tag des heiligen Matthäus), im Jahre 1292. Dazu kam es infolge eines Racheakts von Ludwig von Hesseburg gegen die Benediktinerabtei in Reinhardsbrunn. Dabei wurden mit größter Wahrscheinlichkeit die meisten Bücher (alles Handschriften im Original oder als Abschriften von Büchern anderer Klöster) der damaligen Klosterbibliothek vernichtet.
Aus der ältesten Zeit ist uns das Werk "Annales Reinhardsbrunnensis" bekannt. Darüber hat insbesondere Prof. Wegele in Jena im 1. Band der "Geschichtsquellen" des Vereins für thüringische Altertumswissenschaften geschrieben.
Ein beredetes Beispiel für die romantische Sicht auf die Natur von Reinhardsbrunn stammt aus der Feder von Ludwig Bechstein.

"Reinhardsbrunn, ein Stück vom Paradies

Adam und Eva hatte der Engel aus dem Paradiese vertrieben, öde und verlassen lag es da. »Was soll nun aus dem Paradies werden?«, fragte der Engel den Schöpfer. »Trage es fort an eine entfernte Ecke der Welt«, entgegnete ihm der Herr. Darauf besann sich der Engel nicht lange, nahm die Enden seines langen weißen Kleides auf, packte es hinein und flog davon. Es mag nun doch etwas viel gewesen sein und das Kleid nicht alles gefasst haben, denn unterwegs brach ein Stück davon ab und rutschte hinunter auf die Erde, ohne dass es der Engel merkte. Es bildete das Tal und seine nächste Umgebung, wo jetzt Reinhardsbrunn liegt."

Wenn wir unseren Blick heute auf das Tal mit seinem idyllisch gelegenen Schloss richten, kommt Wehmut auf. Das Schloss scheint im Dornröschenschlaf versunken. Der einstigen Kulturlandschaft merkt man an, dass der Mensch schon seit geraumer Zeit seine gestaltenden Hände zurückgezogen hat. Die Natur holt sich unerbittlich zurück, was Menschenhand in Jahrhunderten geschaffen hat.

Um dieser Entwicklung entgegenzuwirken, gibt es einige wenige Entschlossene, welche gegen das Vergessen um diese Kulturlandschaft angehen und so, in einer vielleicht absehbaren Zukunft, das Erwachen von Reinhardsbrunn aus seinem Dornröschenschlaf einläuten.

Über die genaue Entstehungszeit von Reinhardsbrunn ist nur wenig überliefert. Zumeist sind es mündliche Zeugnisse, welche ein glaubwürdiges Szenario der Entwicklung dieses Tales vermitteln helfen. Es ist wichtig hierbei auch weiter gefasste Aspekte in die Betrachtungen einfließen zu lassen. Besondere Aufmerksamkeit verdienen hierbei, meines Erachtens, die Zeit der Völkerwanderung sowie auch die wenigen Hinweise auf frühgeschichtliche Zeugnisse in Reinhardsbrunn und der näheren Umgebung. Als einen weiteren wichtigen Aspekt erweist sich auch der Einfluss des MWP (die Mittelalterliche Warmzeit) auf die Besiedlung

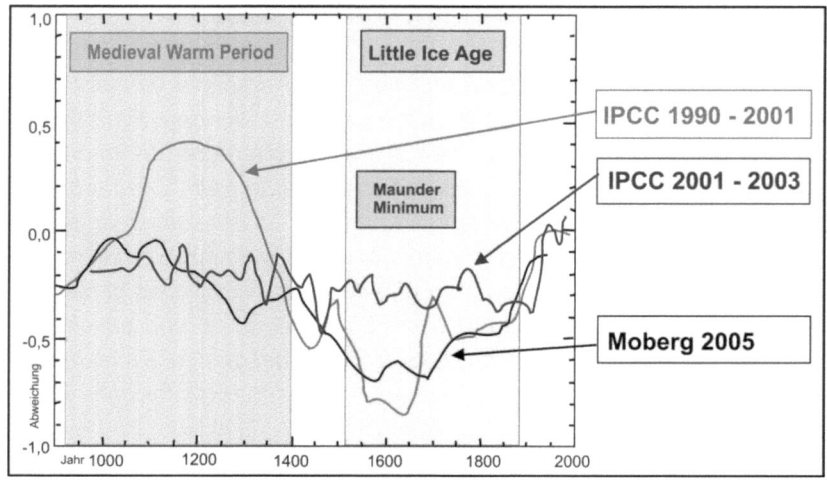

der Waldgebiete der damaligen Loibe, auch Leuba, genannt. Der heutige Thüringer Wald hat in seinem Baumbestand nur noch wenige Gemeinsamkeiten mit der einstigen Loibe. Der Wald war vornehmlich von hochwüchsigen Laubbaumbeständen (wie Eichen, Buchen, Erlen, Linden, Birken usw.) geprägt.

Immer wieder erfahren wir, dass klimatische Einflüsse Beweggründe waren und auch heute noch sind, welche das Siedlungsverhalten ganzer Bevölkerungsgruppen beeinflussen. Der Mensch damals, als auch heute unterliegt denselben Verhaltensmustern.

Die wohl entscheidende Prägung der Bevölkerungsgruppen im thü-ringischen Raum geschah in der provinzialrömischen Zeit, dem 7. und 8. Jahrhundert v. Chr. in etwa bis zur Zeitenwende und von da an bis zum 4. Jahrhundert n. Chr. Hier siedelten sich spätestens ab der Eisenzeit die damaligen Alteinheimischen an. Diese setzten sich aus Vertretern von Megalitvölkern der Vorzeit und den zugewanderten indogermanischen Illyriern zusammen. Einen anderen Teil der Bevölkerung dieser Epoche stellten die Vertreter der Kelten und beginnend ab dem 7. Jahrhundert v. Chr. auch die Germanen. In den vierhundert Jahren v. Chr. kam es zur

Verschmelzung der ethnischen Gruppen. Die unterschiedlichen Kulturen bildeten so die Basis eines neuen eigenständigen Kulturkreises. In diesem Zusammenhang schreibt Tacitus von einem eigenartigen Volk, das »nur sich selbst ähnlich« sei. Damit meint er die "Thüringer".

Die damals vorherrschenden Klimaveränderungen begünstigten die Ausbreitung der Kelten. Das wiederum hatte eine verstärkte Wanderbewegung der Germanen zur Folge. Die Urheimat der germanischen Ackerbauern und Viehzüchter ist in Südschweden, in Norddeutschland (zwischen Weser- und Odermündung) und den dänischen Inseln.

Die darauffolgende Wärmeperiode, die Mittelalterliche Warmzeit (MWP), wurde als Begriff vom englischen Klimatologen, Hubert H. Lamb, in den 1960er Jahren geprägt. Lamb verortet den Höhepunkt dieser Klimaerwärmung, die er mit 1 – 2 Grad angibt, zwischen 1000 und 1300.

Die Belege für eine hochmittelalterliche Warmphase sind vielfältig. Sowohl durch naturwissenschaftliche Verfahren wie z. B. die Radiokarbonmethode zur Altersbestimmung von organischen Stoffen, die Sedimentationsanalyse oder die Eisbohrkerntechnik wurde ein signifikanter Anstieg der Temperaturen bestätigt. Gleichwohl wurden auch bei der Auswertung von schriftlichen Quellen wie Chroniken oder Witterungstagebüchern deutliche Hinweise gefunden. Eine besondere Rolle spielen hierbei noch die Proxydaten, die sich z. B. aus Ernteertragszahlen, Vereisungsbelege oder Hochwasserangaben ergeben. Sie sind nahezu flächendeckend vorhanden. Die Interpretation der vorhandenen Daten unterliegt starken Einflüssen. Es bleibt dem Interessierten überlassen, sich hierzu sein eigenes Urteil zu bilden.
Der deutsche Geograph, Rüdiger Glaser, hat auf Grundlage solcher Daten eine Datenbank für die vergangenen 1000 Jahre erstellt.

Es kam infolge des wärmeren Klimas in Europa, beginnend ab dem 10. Jahrhundert bis etwa zum Ende des 13. Jahrhunderts zu einer Expansion der Agrarwirtschaft und zu einer starken Bevölkerungs-explosion. Der Getreideanbau war jetzt sowohl in wesentlich nördlicheren, als auch in höher gelegenen Gebieten möglich. So wurde Getreidewirtschaft bis nach Norwegen und in den Bergen Schottlands nachgewiesen, die in der nachfolgenden Kleinen Eiszeit und der damit verbundenen Abkühlung des Klimas wieder eingestellt wurde.

Es wird angenommen, dass sich die Bevölkerung in Europa zwischen 1100 und 1400 Jahren fast verdreifacht hat. In der Folge kam es zu einer Wechselwirkung zwischen Bevölkerungswachstum und der Gewinnung von neuem Ackerland. Die Bevölkerung begann mit einem Ausbau des Siedlungsgebietes, bei dem riesige Waldflächen in Ackerland verwandelt wurden. Im günstigen Klima Europas veränderten sich die Siedlungsgebiete durch das Entstehen zahlreicher Städte als neue Zentren des Handels und des Gewerbes, die sich die Arbeit mit den bäuerlich bewirtschafteten Gebieten teilten.

In diese Zeit hinein fällt auch die Inbesitznahme von Teilen der Loibe durch die Ludowinger. Ein wirklich stichhaltiger Beleg für gute klimatische Voraussetzungen in dem Rodungsgebiet von Ludwig mit dem Barte ist das Vorhandensein eines Weinanbaus für das Kloster am Südhang des Dachsberges bei Friedrichroda.

Einen interessanten Anhaltspunkt zur Existenz von Reinhardsbrunn findet man in der "Geschichte und Beschreibung des Herzogthums Gotha – Dritter Theil", von Joh. Georg August Galetti in 1780.

Er schreibt: »Der Landstrich, welchen dieses Amte begreift, ist in der Geschichte des Herzogthums Gotha einer der merkwürdigsten. ... Der Ort, von welchem dieses Kloster seinen Namen bekommen hat, war zu Graf Ludewig des Bärtigen Zeiten ein Gut nebst einem Walddorfe, das er 1039 von den Herren dieser Gegend kaufte.« Er bezieht sich hierbei auf schriftliche Überlieferungen aus der Klosterzeit. Diese Aussage wird auch von anderen Historikern als Fakt angesehen. Somit haben wir einen ersten Anhaltspunkt zur Besiedlungszeit von Reinhardsbrunn, der eine Datierung vor dem Jahr 1039 und somit zumindest auf den Beginn des 11. Jahrhunderts zulässt.

Die im Vorab gezeigten, die Siedlungsperioden beeinflussenden Faktoren, lassen es mir als angemessen erscheinen, unseren Blick aus dem

Tal Reinhardsbrunn in Richtung Thüringer Becken zu richten. In unmittelbarer Nachbarschaft, am Rande der Loibe, finden wir zu dieser Zeit auf dem heutigen Tenneberg ein altgermanisches "Schloss Tenneberg", von diesem berichtet heute nur noch die Sage (nach August Trinius »Thüringer Wanderbuch«– Band 2, 1888).

Burg / Schloss Tenneberg bei Waltershausen; Douglas Morison 1846

Der Sage nach soll König Balderich ca. 518 hier einst die erste Burg auf dem Berg erbaut haben. Diese war dann wahrscheinlich sein Regierungssitz. Der dazugehörige Ort am Fuße des Tenneberges wurde nach ihm benannt. So soll Waltershausen zu seinem Namen gekommen sein
– Balderichhausen → Waltershausen.
Ob es sich bei Balderich um Bader ch, Sohn von König Bisinus (gest. 505) handelt, ist ungewiss. Dieser soll aber schon 515 von seinem Bruder Herminafried ermordet worden sein.
Dieses Königreich, mit Zentrum im Thüringer Becken, wurde von den Franken und Sachsen im Westen und Norden stark bedrängt. Bei einer Entscheidungsschlacht an der Unstrut im Jahr 531 n. Chr. ging das Königreich unter.

Die damals vorhandenen Straßen im Römischen Reich verbanden die Wirtschaftszentren und Städte miteinander. Sie waren weitestgehend gepflastert, bei nur geringfügigen Steigungen. Mit der Entstehung von Siedlungen und Städten im germanischen / thüringischen Territorium kam es unweigerlich auch zum Ausbau vorhandener oder der Erschließung neuer Handelswege. Diese aber waren, im Gegensatz zu den römischen Straßen und Wegen, weitgehend unbefestigt und kaum in Karten verzeichnet.

Auf diesen Wegen lebte man nicht wirklich sicher. Immer wieder kam es zu Überfällen von Wegelagerern. Wegen der unkalkulierbaren Risken auf diesen maroden Wegen nahm man oftmals die Strapazen von Steigungen auf den Wegen durch die Loibe, und somit über den Kamm des Mittelgebirges hinweg, in Kauf. Viel mehr als 25 – 30 km waren so an einem Tag nicht zu schaffen. An den Rastplätzen kam es über die Jahrhunderte hinweg zur Anlage von Siedlungen oder Stätten kultureller Begegnungen.

Mit der stetigen Zunahme der Bevölkerung in den Ebenen des "Thüringer Becken" und am Rande der Loibe erscheint es fast logisch, dass die Vertreter der jeweils neuen Generation versuchten, ihre Lebenssituation zu verbessern und sich somit gezwungen sahen, unerschlossenes, fruchtbares Gebiet entlang des Handelsnetzes zu besiedeln.

Die wichtigen Handelswege waren rechtlich dem König zugeordnet und standen unter besonderem Friedensschutz → Via Regia bedeutet Königsstraße oder Königsweg; es handelt sich um eine Reichsstraße und um eine Altstraße. Via Regia im allgemeinen Sinne bezeichnet nicht eine bestimmte Straße, sondern eine Straßenart. Das Straßennetz wurde über Jahrhunderte hinweg durch Burgen an markanten Punkten überwacht. In späterer Zeit erfüllten hier z. B. die Schauenburg und die Wartburg u. a. auch diese Funktion.

Nach dem Niedergang der königlichen Zentralgewalt in Mitteldeutschland infolge der Schlacht bei Lucka 1307 büßte sie ihre königliche Funktion ein. Seit dem 14. Jahrhundert kann also für diese Route nicht mehr von einer Via Regia gesprochen werden. Von da an wurde auch der Begriff "Hohe Straße" gebräuchlich.

Eine Teilstrecke der Via Regia / Hohe Straße war besonders für Händler aus der Richtung von Frankfurt am Main kommend, interessant. Sie konnten Erfurt auch erreichen, wenn sie sich mit ihren Fuhrwerken und Lasteseln auf Gebirgswegen von Rhön und dem heutigen Thüringer Wald bewegten. Eine der "Hohen Straßen" führte bei Walldorf von der Furt durch die Werra nach Schmalkalden. Hier war der letzte große Sammelplatz vor der Überquerung der Pässe des Thüringer Waldes, hinweg über den Rennsteig. Von hier aus ging es bis nach Floh und nach Seligenthal. Dann kam der eigentliche Aufstieg zum Spießberg. Von dort aus ging es zum Possenröder Kreuz. Hier verzweigt die Via Regia/Hohe Straße in Richtung Schauenburg → Reinhardsbrunn → Waltershausen und in die andere Richtung nach Altenbergen → Wechmar und Ohrdruf. Als Beleg für diesen Abschnitt des Handelsweges sind, meines Erachtens, die in den Forstkarten überlieferten Namen für einzelne Wegeabschnitte → der Königsweg und eventuell als Zubringerweg für die Talsiedlung Friggeröd (Friedrichroda), der Eselsweg, zu werten. Die Handelswege müssen schon zu Zeiten des Wirkens von Bonifatius existiert haben. Er hat zu seinen Lebzeiten das vorhandene Wegenetz dieser Streckenabschnitte bei seiner Missionierung kennengelernt.

Nach dieser Betrachtung erscheint es mir nachvollziehbar, die Entstehung der Ansiedelung von Reinhardsbrunn in die Zeit nach der Gründung und Erstarkung von Waltershausen, ab etwa dem späten 8. Jahrhundert bis zum Ende des 10. Jahrhunderts zu datieren. Das wird nach meiner Auffassung auch dadurch gestützt, dass der Name Reginheri, wie ich im Folgenden ausführe, ab Mitte des 9. Jahrhunderts Erwähnung findet.

Waltershausen erhielt erst im Jahr 1209 die wichtigsten Stadtrechte, das Marktrecht und das Recht auf den jährlichen Ratswechsel. Zu diesem Zeitpunkt existierte aber das Kloster schon über ein Jahrhundert. Zwischenzeitlich gehörte das Dörfchen Friedrichroda zum Klostereigen. Im selben Jahr, in dem Waltershausen seine weitreichenden Rechte erhielt, verlieh der 5. Abt des Klosters, Wikhard, dem Flecken Friedrichroda erstmalig das Markrecht, wozu das Klosters auch die nötigen Privilegien besaß.

An den Flurgrenzen des Klostereigens endete ja auch die fürstliche Hoheit. In den Augen des Abtes war somit die Bannmeile, betreffend des Marktrechts, der Stadt Waltershausen hinfällig.
Damit aber wurde Waltershausen auf den Plan gerufen, dass nun um seine wirtschaftliche Vormachtstellung bangte. So wurde offensichtlich ein über Jahrhunderte fortwährender Groll der Bevölkerung beider Orte, bezogen auf den "anmaßenden" Nachbarn, begründet.

Der Ort Reinhardsbrunn zählt somit neben Ernstroda (alt: Erphesrot 1039 (Dobenecker I 729); Erfestort [!] 1210 (Dobenecker II 1661)) nachweislich zu den ältesten Ortsteilen der heutigen Stadt Friedrichroda.
Was aber war an diesem Tal Reinhardsbrunn so interessant, als dass er in unmittelbarer Nachbarschaft zu Waltershausen entstanden ist?

Was uns der Name verrät:

Eine wirklich interessante Quelle für Belege oder Indizien historischer Überlieferungen stellen die überkommenen Eigennamen von Orten dar. Der Sprachraum lässt sich hierbei auf die Germanische Sprache und die Althochdeutsche Sprache, mit allen möglichen Dialekten, eingrenzen.

Reinhardsbrunn

Der Name ist ein Kompositum. Wir können zwei eigenständige Wörter daraus herleiten:

Reinhard(s) + brunn

Reinhard auch Reinhardt (1402)

Reinhardt selbst ist wiederum ein Kompositum, gebildet aus Ableitungen der altgermanischen Wörter ragina ("Rat"), rain ("rein, wahr") und harti ("Herz", "hart" bzw. "stark"). Er bedeutet etwa »der Reinherzige« (der Ehrliche), »der Treue« und »der im Rat Starke« (der Kundige).
Brunn → brunno
Brunno, prunno: Brunnen, Quelle, (fließendes) Wasser. Das Wort hat Entsprechungen in fast allen Dialekten

(Etymologisches Wörterbuch des Althochdeutschen, Band 2; S. 381)

Der urkundliche Name des ehemaligen Klosters war:

Reginherisbrunno

Reginherisbrunno selbst ist wiederum ein Kompositum aus dem althoch-
deutschen, oder altsächsischen regin + heri(s) + brunno

Reginheri (835/63 Bezug ins Fränkische) =
Rainer (deutscher Nachname)

Regin oder auch Reginn steht für:
einen altnordischen Begriff für Gott in der Pluralform für die Ratgeben-
den.
Reginn ist ein Zwerg in der nordischen Mythologie, wird in der anglisier-
ten Form auch als Regin geschrieben.

heri = Bedeutung: "Heer" - aus dem Althochdeutschen.

brunno
brunno, prunno: Brunnen, Quelle, (fließendes) Wasser, das Wort hat Ent-
sprechungen in fast allen Dialekten - aus dem Althochdeutschen.

Fakt / Indiz 1
Im Tal von Reinhardsbrunn ist von alters her eine Quelle bekannt,
welche auch bei Frost den speisenden Teich nicht gefrieren lässt.

Fakt / Indiz 2
Am höchsten Punkt des Reinhardsbrunner Parks befindet sich ein Baum-
kreis, welcher von alters her bekannt ist. Der Ort trägt, spätestens aber
nach der Anlegung des Landschaftsparks, seit langer Zeit den Namen
"Die Zwölf Apostel".
Die Bäume wurden über die Jahrhunderte hinweg immer wieder
nachgepflanzt.

Die archäologische Denkmalpflege hatte hier Anfang der 1950er Jahre durch Grabungen den Germanischen Ursprung dieser Anlage bestätigt. Eine wissenschaftliche Aufarbeitung erfolgte damals leider nicht.

Fakt / Annahme 3

Gehen wir davon aus, dass die Ortsbezeichnung Reinhardsbrunn als Bezeichnung für das Kloster gewählt wurde, so stellt sich die Frage, warum denn hier offensichtlich unterschiedliche Namen verwendet werden. Eine glaubhafte Erklärung für mich ergibt sich aus der eigentlichen Geschichtsschreibung und der unterschiedlichen Schreibweise, angepasst an den jeweils aktuellen Sprachgebrauch der Landbevölkerung. Es erscheint mir als sehr wahrscheinlich, dass der Name Reginherisbrunno der ursprüngliche Name von Reinhardsbrunn ist und uns somit durch die entsprechende Urkunde erhalten geblieben ist.

Bei Verknüpfung der Fakten mit der Namensdeutung ergibt sich ein starkes Indiz für eine vorchristliche, germanische oder auch keltische Kultstätte mit einer besonderen Zweckentsprechung.
Ich interpretiere die Sachverhalte so, dass hier in alter Zeit, schon vor der Zeitenwende, eine germanische oder keltisch geprägte Ratsstätte existiert hat →

»Quelle der Wahrheit« oder auch
»Quelle der Reinheit« oder auch
»Quelle der Ratgebenden« → »Ratsquelle«

Vielleicht können wir uns einer solchen Interpretation auch von einer gänzlich anderen Ebene aus nähern.
Hierzu verlassen wir den Bereich, der durch historische Aufzeichnungen und wissenschaftlich fundierte Erkenntnisse getragen wird.

Geomantie

Geomantie oder Geomantik (altgriechisch: γῆ [gɛ:] "Erde" und μαντεία [mantaia] "Weissagung", also in etwa Weissagung aus der Erde) ist in der Esoterik eine Form des Hellsehens, bei der Markierungen und Muster in der Erde oder Sand, Steine und Boden zum Einsatz kommen. Heute ist die Geomantie im ursprünglichen Sinn in Europa fast verschwunden. Der Begriff wird heute für andere Methoden verwandt, zum Beispiel in Zusammenhang mit den sogenannten Ley-Linien, die eher dem chinesischen Feng-Shui ähneln.

Als Ley-Linien (auch Heilige Linien) werden von einigen Schriftstellern die Anordnungen von Landmarken, wie Megalithen, prähistorischen Kultstätten und Kirchen bezeichnet.

Der Name leitet sich von angeblichen oder tatsächlichen Aufreihungen englischer Ortschaften mit der Endung -leigh bzw. -ley (altenglisch für "Lichtung, Rodung") ab. Ihre Existenz wurde zum ersten Mal 1921 von dem britischen Hobby-Archäologen Alfred Watkins postuliert.
Erklärungsversuche hierzu sind wissenschaftlich umstritten:
Alfred Watkins vermutete u. a. alte Handelspfade, "Old Straight Tracks" mit kürzester Sichtverbindung.
Ein Erklärungsversuch lautet, diese Linien weisen auf ein prähistorisches System der Landesvermessung hin, das auf astronomischen und religiösen Grundlagen beruht.
Auch gibt es Theorien, die auf angeblichen Kraftfeldern oder Erdstrahlungen beruhen; diese Theorien beinhalten häufig Wasseradern und Energielinien (vergleichbar der Meridiane der Erde), siehe Geomantie.
1969 brachte der Schriftsteller John Michell "Ley lines" mit spirituellen und mystischen Theorien in Verbindung und revitalisierte die Thematik.

Die heutige europäische Geomantie gilt als eine unwissenschaftliche esoterische Lehre, die sich dagegen selbst als "ganzheitliche" Erfahrungswissenschaft versteht. Als solche versucht sie die Identität eines Lebensraumes, eines Ortes oder einer Landschaft zu erfassen und diese durch Gestaltung, Kunst oder Raum- und Landschaftsplanung zu berücksichtigen und individuellen Ausdruck zu verleihen. Geomantie sei das Erkennen und Erspüren von guten Plätzen in Raum und der Landschaft. Diese Erfahrungswissenschaft bildet somit die Grundlage für ein harmonisches und gesundes Wohnen und Leben. Die Aufgabe eines Geomanten bestehe darin, "baubiologisches Wissen" mit der geomantischen Kunst zu vereinen, Räume zu gestalten, den guten Ort zu erkennen und zu erspüren und mit den Menschen in Einklang zu bringen. Damit hat sie sich von dem ursprünglichen arabischen Wahrsagesystem entfernt und ähnelt somit eher dem chinesischen Feng-Shui.

Nach der Ansicht der modernen esoterisch verorteten Geomantie ist die ganze Erde mit globalen Gitternetzsystemen überzogen. Genannt werden diese Gitternetzsysteme "Curry-Gitter", "Ley-Linien", "Hartmann-Gitter" oder "Benker-Linien". Diesem Gitter- und Liniensystem werden "energetische" Eigenschaften und damit biologische Wirkungen zugesprochen.
Die Vorstellungen der Geomantie zu den von ihr benannten Energien sind wissenschaftlich nicht nachweisbar und haltbar. Die doppelblind durchgeführten, gut kontrollierten Versuche zur Radiästhesie, die die verschiedensten Behauptungen prüften, sind alle negativ ausgegangen. Gitter- und Liniensysteme und deren "Energieströme" wurden bisher nicht mit physikalischen Messinstrumenten nachgewiesen.

Interessant dürfte für den aufgeschlossenen Besucher dieses Tales die Tatsache sein, dass "besonders sensible" oder "emphatisch" veranlagte Besucher von Reinhardsbrunn das Vorhandensein von energetischen Feldern erspüren können. Oftmals versagen auch elektronische Komponenten, oder sie spielen »verrückt".

Die Vertreter dieser "Grenzwissenschaft" glauben, dass von alters her megalithische Völker über verloren gegangenes Wissen über den Einfluss der Energien unserer Erde auf das Leben an sich verfügten. Gleichzeitig besteht die Vorstellung von einem auf diesen energetischen Meridianen basierenden "Kommunikationsnetz" mit den Kultplätzen als Knotenpunkte.
Das bedeutet, dass unsere Alteinheimischen an Heiligen Orten gemäß ihrem Naturglauben Kult- und Begegnungsstätten errichtet und betrieben haben. Einer dieser Orte im weltweiten Netz ist Reinhardsbrunn mit seiner gleichnamigen Mineralquelle und dem uns noch heute bekannten Baumkreis. Dieser wurde mit der Schaffung des Außenparks auf einer besonders prägnanten Erhebung im Tal angelegt.

Das Kloster Reinhardsbrunn

Ludwig der Springer (richtiger: Salier; main – fränkisch) ist der Stifter des Klosters. Er wurde 1040 zu Altenbergen in der Johanniskirche, die sein Vater dort errichten ließ, getauft. Auch hatte er das Grafenamt im Raum Waltershausen inne, weshalb auch die Burg auf dem Tenneberg zu seinem Besitz zählte.

Infolge des hochmittelalterlichen Landausbaus, der großen Rodungs- und Siedlungsepoche, war auch der Vater von Ludwig dem Springer aus dem östlichen Spessart in diesen Teil der Loibe gekommen und hatte hier das Kernstück des ludowingischen Herrschaftsbereiches errichtet. Nach dessen Tod ließ Ludwig der Springer die Wartburg errichten und verlagerte sein Machtzentrum dorthin. Die Schauenburg verlor so ihre einstige, wichtige Bedeutung.

Unter anderem gehörten noch Besitzungen in der alten Heimat der Familie, dem Mainknie bei Gaumünden, zum Herrschaftsbereich. Er und sein Bruder Berenger gründeten hier Anfang der 80er Jahre des 11. Jahrhunderts das Kloster Schönrein. Dieses unterstellten sie der Abtei Hirsau.

Zum Ende des 11. Jahrhunderts hatte Ludwig der Springer im Raum Thüringen eine gefestigte Machtposition inne. Das machte aus politischem Kalkül heraus die Gründung eines eigenen Hausklosters unerlässlich. Oftmals fiel die Wahl des Ortes auf historisch bedeutende Örtlichkeiten oder Orte von Kultstätten aus vorchristlicher Zeit, um somit die eigene absolute Dominanz im Herrschaftsbereich zu dokumentieren. Die Gründung des Klosters setze in der damaligen Zeit ein sichtbares Zeichen in Bezug auf den eigenen politischen Standpunkt des Gründers. Der Gründungsakt vollzog sich in der Zeit der Investiturstreitigkeiten. Dieser Konflikt zog sich über fast 20 Jahre hin. Dann gab es zu dieser Zeit noch eine große, kirchliche Reformbewegung. Die Auseinanderset-zung vollzog sich zwischen dem Papsttum und dem deutschen Kaisertum. Kurz gesagt ging es darum, wer wen einsetzen darf (die Einsetzung von Bischöfen und anderen hohen geistlichen Würdenträgern).

Ludwig der Springer befand sich damals unter den Anhängern der Reformbewegung, deren geistiges Zentrum in Burgund in Ostfrankreich – Kloster Cluny, in Deutschland im Kloster Hirsau (eine Benediktinerabtei), war. Damit zählte er zu den Gegnern Kaiser Heinrich des IV. (reg. 1056 – 1106). Er war entschieden gegen eine Verweltlichung der Kirche.

Es erscheint folgerichtig, dass Ludwig der Springer in Reinhardsbrunn ca. 1085 ein Benediktinerkloster unter Hilfestellung von 12 Hirsauer Mönchen errichten ließ. So kam mit dem ersten Benediktinerkloster in Thüringen die kluniazensische Reform nach Thüringen.

Das Kloster wurde auf Bitte von Ludwig hin einzig dem Papst unterstellt. Im Jahre 1092 nahm Papst Urban Reinhardsbrunn unter seinen Schutz. Er übertrug dem Kloster weitreichende Privilegien, die denen der benachbarten, weltlichen "Herrscher" in fast nichts nachstanden. Ludwig verzichtete auf alle Eigentumsansprüche und Dienste. Er übertrug den Mönchen die freie Wahl der Einsetzung des Abtes. Im Gegenzug übernahm der Graf die Schutzvogtei. Die Wahl des Schutzvogtes blieb das Recht der Mönche.

Das Kloster wurde zum Hauskloster der LUDOWINGER.

Im Glauben der regionalen Bevölkerung ist aber eine gänzlich andere Gründungsgeschichte aufgekommen, welche von der Geschichtsschreibung der Mönche des Klosters auch noch befördert wurde: Der Ort der Gründung des Klosters soll nach der Chronik durch zwei Lichter angezeigt worden sein. Dieselben habe ein Töpfer, in der Nähe der Quelle des Tales, mit dem Namen Reinher gesehen. Das habe er Ludwig berichtet, als dieser nach einer geeigneten Stelle für das Kloster gesucht habe. Ludwig sah darin ein heiliges Zeichen und entschied sich für den Bau des Klosters an dieser Stelle. Das Kloster sollte er als Sühne bauen. Zu Ehren von Reinher dem Töpfer und der dortigen »warmen Quelle« wurde das Kloster Reinhardsbrunn genannt.

Das Volk erzählte, Ludwig selbst habe den Pfalzgrafen Friedrich d. III. ermorden lassen, weil er dessen Frau Adelheid und die an sie fallenden Besitzungen zu gewinnen hoffte. Wegen dieses Verbrechens sei er auf der Burg Gibichenstein bei Halle eingekerkert gewesen. Nur durch einen gewagten Sprung aus dem Turm, in dem er gefangen gehalten wurde, konnte er sich befreien. Adelheid und Ludwig seien später nach Rom gepilgert, um Vergebung zu erlangen. Als Sühne habe ihnen der Papst die Klostergründung auferlegt.

Für diese Darstellungen fehlen aber sämtliche Belege. Außer vielleicht dem Indiz: Ludwig der Salier war neben seinem Interesse an der Ausdehnung seines Herrschaftsbereiches gegenüber Adelheid von Stade nicht abgeneigt. Das muss wohl auch auf Gegenseitigkeit beruht haben. Friedrich der III. wurde 1083 von Ritter Dietrich, Ullrich von Teutleben und Reinhard von Reinstedt überfallen und bei einem Geplänkel tödlich verletzt. Diese Ritter zählten zum engen Gefolge von Ludwig, was auch Raum für weitere Spekulationen in diesem Zusammenhang zulässt. Eine Verbindung zu Ludwig konnte bisher nicht belegt werden.
Bald nach der Tat ehelichte Graf Ludwig der Springer die junge Witwe Adelheid. Nach alten Quellen ("Die Schauenburg", Dr. E. Polack, 1858, S.49) soll sie Ludwig aus erster Ehe einen Stiefsohn geboren haben. Es war der junge Pfalzgraf Friedrich IV. von Sachsen. Zu diesem stand Ludwig nach dessen Kindheit in einem stark angespannten und später sogar feindlichen Verhältnis.
Ludwig selbst soll mit ihr zusammen acht Kinder gehabt haben. Der jüngste Nachkomme war Konrad, geboren um 1100 herum. Frühestens nach dessen Geburt kann Adelheid als Nonne in einen Orden eingetreten sein, was ich zumindest für die ersten Lebensjahre von Konrad für unwahrscheinlich halte.
Nach gängiger Lesart verstarb Adelheid am 18. Oktober 1110. Die Angaben über den Zeitpunkt, den Ort ihres Todes sowie die letzten Lebensjahre sind verschieden.
Eine Aussage lautet, dass sie im von ihr gestifteten Kloster Zscheiplitz Äbtissin gewesen sei. Dieses sei dann im Jahre ihres Todes, veranlasst durch ihren Gemahl, an das Kloster Reinhardsbrunn gefallen.
Eine andere Aussage besagt, dass Adelheid im Jahr der Gründung 1089 des Klosters Zscheiplitz das Kloster Adelsleben (Oldisleben) als Buße gründete. Später soll sie dort ihre letzten Jahre als Nonne verbracht

haben, dann erst im Jahre 1125 verstorben und auch beigesetzt worden sein.

Die uns bekannte Grabplatte (Epitaphium) steht offensichtlich erst seit 1125 in Reinhardsbrunn, als Symbol der Zusammengehörigkeit von Ludwig dem Springer und Adelheid. Möglicherweise wurden damals auch ihre Gebeine in einem Schrein hierher überführt und somit diese Grabstätte im Hauskloster geschaffen.

Im Jahr 1122 wurde Ludwig selbst Benediktinermönch. Ein Jahr später verstarb er im Alter von etwa 82 Jahren (… falls er im Jahr seiner Geburt getauft wurde … (?)).

Mit der Beisetzung von Ludwig dem Springer im Kloster erfüllte sich die Bestimmung desselben als Grablege und als die "Pforte ins Paradies" für das Ludowingergeschlecht.

So fand bis zum Erlöschen der männlichen Linie der Ludowinger, zumindest ein Großteil derer, hier ihre letzte Ruhestätte.

Viele der über die Zeit des Bestehens des Klosters und darüber hinaus, bis hinein in die Zeit des Schlosses Reinhardsbrunn unter den Wettinern und Ernestinern, bedeutende Vertreter der Oberschicht des jeweiligen Machtbereiches ihrer Zeit, entschieden sich für Reinhardsbrunn als letzte Ruhestätte. Das verlieh dem Ort eine zusätzliche wirtschaftliche, als auch gesellschaftspolitische, Bedeutung.

Selbstverständlich fanden hier auch die vor Ort wirkenden Mönche und Laien ihren Ort der Ruhe. Diese Grabanlagen gingen spätestens mit der Anlage des Landschaftsparks verloren.

Einige markante Namen sind uns bis heute überliefert:

1) Graf Ludwig der Springer	verstorben	1123
2) Adelheid, seine Gemahlin † 1110	?/beigesetzt	1125
3) Landgraf Ludwig I.	verstorben	1140
4) Landgraf Ludwig II.; der Eiserne	verstorben	1172
5) Jutta, seine Gemahlin	verstorben	1191
6) Landgraf Ludwig III.; der Sanfte	verstorben	1190
3. Kreuzzug in Zypern; Gebeine	/beigesetzt	1191
7) Landgraf Ludwig IV.; der Heilige	verstorben	1227
5. Kreuzzug in Italien; Gebeine	/beigesetzt	1228
8) Landgraf Herman II.; d. Jüngere	verstorben	1241

Graf Ludwig der Springer, verstorben 1123
Stich der Grabplatte aus der Thuringia
Sacra Foto: Peter Köllner 2001 vom Original

Adelheide, seine Gemahlin, verstorben 1110
Stich der Grabplatte aus der Thuringia Sacra
Foto: Peter Köllner 2001 vom Original

Landgraf Ludwig I., verstorben 1140
Stich der Grabplatte aus der Thuringia Sacra
Foto: Peter Köllner 2001 vom Original

Landgraf Ludwig II., verstorben 1172
Stich der Grabplatte aus der Thuringia Sacra
Foto: Peter Köllner 2001 vom Original

Jutta, Gemahlin Ludwig II., verstorben 1191
Stich der Grabplatte aus der Thuringia
Sacra Foto: Peter Köllner 2001 vom Original

Landgraf Ludwig III., verstorben 1190
Stich der Grabplatte aus der Thuringia Sacra
Foto: Peter Köllner 2001 vom Original

Landgraf Ludwig IV., verstorben 1227
Stich der Grabplatte aus der Thuringia Sacra
Foto: Peter Köllner 2001 vom Original

Landgraf Hermann II., verstorben 1241
Stich der Grabplatte aus der Thuringia Sacra
Foto: Peter Köllner 2001 vom Original

Im Münster des Klosters wurden noch weitere Personen bestattet, von denen wir Nachricht haben:

Graf Poppo von Henneberg	verstorben	1119
dessen Ehefrau	verstorben	1120
Graf Heinrich Raspe I./ Bruder L. I.	verstorben	1130
L.-graf Ludwig I. Gemahlin Hedwig	verstorben	1148
Landgraf Balthasar	verstorben	1406
Landgraf Friedrich IV. der Einfältige	verstorben	1440
Anne; seine Gemahlin	verstorben	1431
Herzog Wilhelms III. Gemahlin Anna	verstorben	1462

Sie war eine österreichische Prinzessin und durch Heirat Herzogin von Sachsen, Landgräfin von Thüringen und Herzogin von Luxemburg.

u. a.

In der späteren, als Ersatz für das abgerissene Münster erbauten wesentlich kleineren ersten Schlosskirche, wurde Herzog Ernst I. (* 9.7.1566, † 23.10.1638) 3. Prinz (Sohn) Christian beigesetzt.

Während des Bestehens des Klosters übten 25. Äbte ihr Amt aus. Die meisten von ihnen wurden hier zu Grabe getragen.

Die Thüringer Landgräfin Elisabeth
– die Heilige Elisabeth –
und Reinhardsbrunn

www.deutschland-im-mittelalter.de

Der Künstler schafft in diesem Bild eine romantische Aufbruchsstimmung mit küssenden Pärchen und wartenden Rittern. Nach einer Originalzeichnung von A. Zick (1845 -1907) aus »Bilderbuch der deutschen Geschichte«Ausgabe1890 Union Deutsche Verlagsgesellschaft.

Ludwig der IV., Ehemann der Hl. Elisabeth, wurde hier in Reinhardsbrunn zum Ende des 5. Kreuzzuges im Herbst des Jahres 1228 in einem Sarkophag beigesetzt.

Es gibt noch eine Grabstätte von Ludwig IV. Diese befindet sich in Otranto in Italien. Dort verstarb er am 11. September 1227. Die Grabstätte ist mit großer Wahrscheinlichkeit in den Katakomben unter der später darauf errichteten Kathedrale, bekannt für ein weltberühmtes Mosaik, gelegen. Noch heute wird dort der Mantel von Ludwig gezeigt. Hier verblieben, nach einer in dieser Zeit üblichen Prozedur, nur seine fleischlichen Überreste. Lediglich die Gebeine Ludwigs wurden mittels einer Prozession von Otranto nach Reinhardsbrunn überführt.

Die Beisetzungsfeierlichkeiten waren der wohl wichtigste, aber auch schmerzhafteste, Aufenthalt von Elisabeth in Reinhardsbrunn. Sie selbst verließ dann den landgräflichen Hof zu Eisenach auf der Wartburg endgültig und ging nach Marburg, um hier ihr Gelübde zu erfüllen.

Mit dem frühen Tode von Ludwig IV. wurde der Niedergang der Dynastie der Ludowinger (symbolisch) eingeläutet.

In diesem Zusammenhang möchte ich besonders die an uns überkommene Kunde vom Vorhandensein einer Klosterschule erwähnen. Es würde aber den Rahmen dieser Monografie hier sprengen, tiefer darauf einzugehen.

Für fast 200 Jahre war Reinhardsbrunn das geistliche und kulturelle Zentrum des ludowingischen Herrschaftsbereiches und ganz Thüringens. Es wurde zur ...

»Perle der Leuba«

Epilog

Vielleicht kommt bald die Zeit, in der es für die Besucher von Reinhardsbrunn möglich ist, ein Monument oder Mausoleum (mit innen angebrachten Repliken der Grabplatten von Reinhardsbrunn (diese werden heute in Eisenach in der Georgenkirche aufbewahrt) zu besuchen, welches auf die fast 200-jährige zentrale Bedeutung dieses Ortes für Mitteldeutschland und besonders für Thüringen, als auch auf die Ludowinger, hinweist.

Die orange-rote Rose

Du hast sie mir geschenkt.
Warum habe ich sie von dir bekommen?

Das Orange-Rot strahlt in den schönsten Nuancen.
Ihr Duft steigt sinnlich in meine Nase.
Beim Anfassen der Blätter spüre ich
… wie zart die Blüte ist.

Von oben schaue ich in das Innere der Blüte.
Plötzlich fangen die Blätter an, sich zu drehen.
Schneller, immer schneller.
Sie verliert ihre Farbe Orange-Rot, und ich kann
ganz deutlich die Farbe deiner Augen erkennen.

Ich spüre, wie intensiv du mich
anschaust. Ein Schauer läuft über meinen
Rücken, ich spüre die Wärme des
Herzens …
und wie mein Puls steigt.

Mit glänzenden Augen und …
glitzernden Sternchen darin schaust du mich an …
… und dein Blick verliert sich.

Jetzt ist die Rose wieder orange-rot …
und ich weiß genau,
warum du sie mir geschenkt hast.

Martina Giese-Rothe, 2015

Skulptur der Heiligen Elisabeth
HELIOS St. Elisabeth Klinik Hünfeld
Foto: Martina Giese-Rothe

Elisabeth

Landgräfin Elisabeth von Thüringen ist eine der beeindruckendsten Frauen in der Thüringer- und Kirchengeschichte. Auch heute ist sie bei den meisten Menschen, zumindest in Mitteleuropa, noch sehr bekannt und beliebt.

Ihr Herz gehörte den Armen. Unter dem Einfluss des Evangeliums und ihrer überaus großen, gelebten Liebe zu Gott, als auch ihrer Frömmigkeit, wandte sie sich mittels ihrer Nächstenliebe besonders den hungernden und kranken Menschen zu.

Der Name Elisabeth kommt aus dem Hebräischen und bedeutet: Gott ist Fülle.

Elisabeth wurde im Jahre 1207 im nordost-ungarischen Sárospatak auf der Burg Rákóczi * als Tochter des ungarischen Königs András II. geboren.

Burg Rákóczi

Elisabeth kam als 4-Jährige auf den Thüringer Landgrafenhof, um hier in der Familie ihres zukünftigen Mannes aufzuwachsen und erzogen zu werden.

In all den Jahren, in welchen ich mich für Elisabeth als Frauengestalt und mit dem Einfluss ihrer Handlungen beschäftige, bis in unsere Gegenwart hinein, ist mir kein Bild, das zu ihren Lebzeiten entstanden ist, bekannt geworden.

Eine seltene Beschreibung von Elisabeth gibt uns eine vage Vorstellung, wie sie im Alter von etwa 14 Jahren gewesen sein kann:

>»Sie war von proportionalem Wuchs, ihr schönes Gesicht von der dunkleren Farbe der Bewohner ihres Vaterlandes Ungarn.
>
> Für einen gewissen Zauber ihres Wesens spricht der tiefe Eindruck, den später noch ihre Erscheinung in Marburg, wo sie allerdings als Witwe noch eine junge Frau war, auf alle machte, die sie sahen, sodass sie viele schon durch dieselbe von ihren Sünden bekehrt haben soll.«**

Es ist bis heute nicht ganz geklärt, ob Elisabeth schon von Anfang an mit Ludwig verlobt war. Es gilt inzwischen doch als sehr wahrscheinlich, dass sie mit dem schon früh verstorbenen Hermann (II.), dem erstgeborenen Sohn von Landgraf Hermann I. von Thüringen, verheiratet werden sollte.

---

* Der Geburtsort befand sich wahrscheinlich (es gibt diesbezüglich mehrere Annahmen) in der ersten Burganlage nahe dem Ort, damals "Villa Potoc" genannt. Diese wird in den dortigen Schriften erstmals so im Jahre 1221 erwähnt. Erst nach 1450 entstand die Namensform "Sárospatak". Die erste Burganlage war zum Zeitpunkt der Geburt von Elisabeth ein kastellartiger Turm, der dem Schutz der Siedlung diente. Der "Wohnturm" wurde später dann durch die vierseitige Schlossanlage ergänzt. So entstand die heutige Burg Rákóczi. Im "Roten Turm" befindet sich die St.-Elisabeth-Kapelle. Innerhalb der Burganlage befindet sich heute auch die Basilika St. Johannes. In ihr werden Kleidungs- und Knochenreliquien von Elisabeth aufbewahrt.

** Zitat aus der deutschen Übersetzung der lateinischen Schilderung Bertholds – Hofkaplan und wahrscheinlich ein "Reinhardsbrunner", auch ein Begleiter Ludwigs und Elisabeth's auf Reisen – durch einen späteren Reinhardsbrunner, Friedrich Cöditz von Saalfeld, der in der Zeit Friedrichs' des Gebissenen lebte.

Der Vater, Hermann I., war der jüngere Sohn Ludwigs II. von Thüringen und dessen Gemahlin Jutta. Die Mutter von Hermann war eine Halbschwester von Kaiser Friedrich Barbarossa.

Er wurde gemeinsam mit seinem älteren Bruder, dem späteren Ludwig III., auch am Hof Ludwigs VII. von Frankreich, erzogen. Als Ludwig III. während des 3. Kreuzzugs verstarb, fiel die thüringische Landgrafschaft an ihn. Schon zuvor, im Jahr 1181 hatte Hermann von Ludwig III. die Pfalzgrafschaft Sachsen übertragen bekommen.

Für die beabsichtigte Ehe von Elisabeth mit Hermann II. sprechen einige Indizien: Gewöhnlich war es immer der erstgeborene Sohn, der aus politischem Interesse früh verlobt und versprochen wurde.

Ludwig und Elisabeth sprachen sich selbst späterhin in der Ehe noch mit »mein lieber Bruder« und »meine liebe Schwester« an.

Außerdem wurde erwogen, Elisabeth nach dem Tode von Hermann wieder nach Ungarn zurückzuschicken.

Dennoch geht aus Schilderungen von Berthold, einem echten Zeitzeugen, hervor, dass sie Ludwig schon seit ihrer Kindheit sehr zugeneigt war: »...Ja, sogar eine Anwandlung von Eifersucht gegen ein größeres Mädchen überkam sie eines Tages, als sie noch ein Kind von 8 Jahren war – ein Beweis von der Frühreife ihrer natürlichen Gefühle.«

Das Kloster zu Reinhardsbrunn war das Hauskloster und damit Grablege der Ludowinger. Das zeugt, meines Erachtens, davon, dass sich Elisabeth zu den wichtigen liturgischen, politischen und familiären Ereignissen in Reinhardsbrunn aufgehalten hat. Auch glaube ich, dass es Bestandteil ihrer Erziehung durch ihre spätere Schwiegermutter Sophia, 2. Ehefrau von Hermann I. und Mutter von Ludwig IV., am Hofe war, mit der Kloster- schule des Hausklosters Bekanntschaft gemacht zu haben. Sophia dürfte hier die Tradition von Ludwig's IV. Großmutter Jutta, als Gönnerin und Förderin des Klosters und der Klosterschule ***, fortgesetzt haben.

*** Wird in Bertholds Schilderungen erwähnt. Siehe auch »Die Landgrafen von Thüringen zur Geschichte der Wartburg", Dr. Polack, Gotha, Friedrich Andreas Perthes 1865.

So wurde in Reinhardsbrunn eine Reihe von engen Familienangehörigen des Landgrafenhofes innerhalb des klostereigenen Münsters zu Reinhardsbrunn beigesetzt. Sie wurden allesamt unter schweren Steinplatten, wie berichtet wird, im Ostteil dieses Münsters zur letzten Ruhe gebettet. Eine Ausnahme davon stellte nach der Beisetzung von Ludwig IV., ihrem Ehemann, die Aufstellung des Schreins mit Gebeinen von Ludwig IV. dar. Sein Schrein fand im Nachgang an den Tod von Elisabeth einen besonderen Platz inmitten des Altarraumes, der später errichteten Marienkapelle auf der Ostseite des Münsters.

Diese war in ihren Abmessungen wohl in etwa so groß wie die heute vorhandene Schlosskirche.

Elisabeth heiratete im Alter von 14 Jahren, eine damals durchaus gängige Praxis. ****

Aus der kurzen, aber glücklichen Ehe mit Ludwig gingen drei Kinder hervor. Elisabeths 3. Kind, Tochter Gertrud, wurde nach dem Tode von Ludwig geboren.

Ludwig starb während des 5. Kreuzzugs. Die Umstände sind bis heute nicht eindeutig. Es gelten zwei Thesen: Zum einen, dass er einem aggressiven Fieber, zum anderen einem Giftanschlag zum Opfer fiel.

Nach dem Tode ihres geliebten Mannes war Elisabeth ganz und gar den Anfeindungen des landgräflichen Hofes ausgesetzt.

**** Im "Hohen Mittelalter" (10. – 13. Jh.) war es, besonders unter den wohlhabenden Familien, üblich geworden, zur Wahrung der eigenen Interessen Familienbündnisse einzugehen. Dazu wurde auf das alte Prinzip der Sippenvertragsehe zurückgegriffen. Der Begriff "Ehe", altdeutsch "ewa" symbolisiert so viel wie "Recht". Erst unter dem Einfluss der Kirche wurde das Konsensprinzip, die Willensübereinstimmung als Ehegrundlage, eingeführt. Dazu ist vieles im Sachsenspiegel von Eike von Repgow zu lesen.
Im Fall der Ehe von Elisabeth galten wohl die Prinzipien einer Verwaltungsgemeinschaft und politische Interessen von zwei politisch bedeutsamen Ländern. Hierbei blieben die Vermögen der Interessengruppen, bis auf die Mitgift, getrennt. Die Ehemündigkeit in dieser Zeit war auch Ausdruck der Stellung der Frau. Mann und Frau bezeichnen an sich Erwachsene. Männer und Frauen galten in der Regel erst mit der Ehe als mündig = erwachsene.
Die "Frauen" traten vielfach schon im Alter zwischen 12 und 14 Jahren, wesentlich früher als die "Männer", in den Rechtsstatus der Ehe ein. Bis heute hat sich an der Rechtsauf- fassung zur Ehemündigkeit viel verändert. Ehen dürfen in Deutschland heute erst ab dem vollendeten 16. Lebensjahr und nur in besonderen Fällen, mit Einwilligung des Familiengerichts geschlossen werden. Ein Partner muss volljährig sein. Ansonsten gilt aktuell die Ehemündigkeit mit 18 Jahren = Eintritt ins Erwachsenenalter.

Deshalb verließ sie zusammen mit ihren drei Kindern und ihren Dienerinnen die Wartburg.

Doch sie stellte sich den Weggang vom Hofe leichter vor. Nirgends wurde sie aufgenommen, sodass sie schließlich in einem ehemaligen Schweinestall unterkam.

Ihr Onkel, der damalige Bischof von Bamberg, ließ sie schließlich gegen ihren ursprünglichen Willen, durch ein Versprechen begünstigt, ihre Kinder hier sehen zu können, nach Bamberg holen.

Er schlug ihr eine Wiedervermählung mit dem Kaiser Friedrich II. vor, wodurch Elisabeth zur Kaiserin erhoben worden wäre. Der Kaiser schien diesem Anliegen gegenüber nicht abgeneigt gewesen zu sein und hatte offensichtlich um sie geworben. Doch dies lehnte Elisabeth vehement ab. Im Frühjahr 1228 konnte sie sich der Aufsicht ihres Onkels entziehen, da sie sich dem Leichenzug ihres Mannes, der von Italien zurück nach Thüringen überführt wurde, beginnend ab Bamberg, anschloss. Hier wurde die Lade im Dom zu Bamberg auf Veranlassung des Bischofs Eckbert, unter großer Anteilnahme des Volkes, aufgebahrt und dann weiter in Richtung Thüringen nach Reinhardsbrunn geleitet. Es wird in diesem Zusammenhang von der Qual und dem tiefen Schmerz Elisabeths sowie der großen Ergriffenheit aller berichtet, als sie mit den Gebeinen ihres geliebten Mannes in Berührung kam.

Es ist bekannt, dass die Gebeine Ludwigs in einer Lade in die Heimat überführt und »mit großer Ehre in dem würdigen Kloster Reinhardsbrunn begraben wurden."

Alles, was Rang und Namen hatte, sowie sehr viele Menschen aus der Umgebung, nahmen an dem Ereignis teil. Es waren Massen von Menschen anwesend, sodass nicht alle im Münster Platz fanden und wahrscheinlich auf der Nordseite des Münsters den Vorhof, bis zu den Friedhöfen der Mönche und Laienbrüder und der dortigen Kapelle, füllten. Von Eisenach her war die Landgräfin Sophie zusammen mit ihren Söhnen Heinrich und Konrad vor Ort. Graf Poppo von Henneberg, der Schwager

Reste des ehemaligen Spitals zu Marburg – Foto: Martina Giese-Rothe

Ludwig IV., hatte es sich nicht nehmen lassen, dabei zu sein. Des Weiteren waren dabei: Bischof Lambertus von Livland, die Äbte von Hersfeld und Altzella, Äbtissinnen, Nonnen und Mönche vieler ange-bundener Klöster, als auch die Grafen von Schwarzburg und Kefernburg. Vasallen, Ministerialen, Ritter mit Knappen und Bauern, Vertreter der Räte der Orte der Grafschaft gehörten ebenfalls zu den Trauergästen.

Nach der Beisetzung in Reinhardsbrunn kam es zu einem großen Konflikt, man wollte Elisabeth die Witwengüter, die ihr zustanden, nicht auszahlen. Doch Konrad von Marburg, der Beichtvater von Elisabeth, dem sie unterstellt war, konnte für sie letztlich eine Entschädigung aushandeln, die u. a. Ländereien in Marburg zur lebenslangen Nutzung beinhalteten. Dies belegt eine Urkunde, die in Reinhardsbrunn 1228 datiert wurde.

Ein Bestandteil der Vereinbarung war, dass die Kinder von Elisabeth auch in Zukunft eine standesgemäße Erziehung genießen sollten, um somit das Erbe ihres Vaters antreten zu können. Schweren Herzens musste sich Elisabeth dauerhaft von ihren geliebten Kindern trennen.

Elisabeth baute in Marburg ihr 3. Spital, wo sie bis zu ihrem Tod im Alter von 24 Jahren selbst als Spitalschwester mitarbeitete. Sehr früh schon nannte man sie Mater pauperum – Mutter der Armen.

Schon vier Jahre später wurde sie heiliggesprochen. Elisabeth gehört auch heute noch zu einer der modernen Heiligen.

Landgräfin Elisabeth von Thüringen und Hessen ist die Bistumsheilige vom Bistum Erfurt und die 2. Bistumsheilige des benachbarten Bistums Fulda. Besonders beliebt ist sie bei den Kindern durch das sogenannte Rosenwunder: *****

"Ludwig, von seiner Umgebung gegen Elisabeth's Verschwendung aufgehetzt, trat seiner Frau, die mit einem mit Brot gefüllten Deckelkorb die Burg herabstieg, mit der Frage entgegen: »Was trägst du da?«, deckte den Korb auf, sah aber nichts als Rosen."

Brot durch die Liebe verwandelt in Rosen – dafür steht Elisabeth von Thüringen symbolisch.

Elisabeth von Thüringen begnügte sich nicht nur mit dem Geben von Almosen. Sie kümmerte sich selbst um Kranke und Bedürftige. Sie spann Wolle, webte daraus Tücher und verteilte sie selbst an die Armen.

Ab dem Jahre 1226 half sie selber in dem von ihrem gegründeten Spital am Fuße der Wartburg.

***** Schon seit hunderten von Jahren wird die Legende vom Rosenwunder eng mit Elisabeth von Thüringen verwoben. Dadurch ist der Korb voller Rosen, bedeckt mit einem Teil ihres Gewandes, zu einem der markantesten Symbole bei Elisabethdarstellungen geworden.

Auch kümmerte sie sich um das von ihr und Ludwig zusammen gegründete Spital in Gotha. Besonders liebevolle Zuwendung schenkte sie den Kindern. Selbst Verkrüppelte und Aussätzige streichelte sie und hatte auch sonst mit ihnen keine Berührungsängste.

Elisabeth war bei den Leuten so beliebt, dass sie nach ihrem Tod als Zeichen der Verehrung während der Aufbahrung Stücke von Tüchern, die ihr Gesicht bedeckten, abrissen, ihr Haupthaar, Nägel und sogar einen Finger abschnitten.

Auch heute ist sie noch Vorbild für Barmherzigkeit und Nächstenliebe und wird in unserem Kulturkreis konfessionsübergreifend verehrt.
Das sieht man auch daran, dass immer noch ganz viele Einrichtungen wie Krankenhäuser, Kirchen und sogar neu gegründete Palliativzentren ihren Namen tragen.

Elisabeth schämte sich nicht der Armut, auch war es ihr egal, Außenseiterin zu sein. Das alles in einer Zeit, in welcher die "Frau" noch eine ganz andere Stellung in der Gesellschaft hatte.

Dies zeichnet ihre große Persönlichkeit bis heute aus.

Das Elisabeth von Thüringen und Hessen bei uns in Reinhardsbrunn verweilte, stellt für diesen Ort eine herausragende Besonderheit dar.

Reinhardsbrunn, Martina Giese-Rothe

Elisabeth-Skulptur aus dem Altar vom Dom zu Bratislava

800 Jahre Heilige Elisabeth

Heut feiert unser ganzes Land
die heilige Elisabeth –
sie half mit segnend gütiger Hand
den Ärmsten auf dem Krankenbett.
Sie hatte schon im jugendlichen Alter
ein Feingefühl für Hilfe in der Not –
das, als der Teufel noch Verwalter
der primitiven Sitten, Pest und Tod –
hier zeigt die junge Frau und Mutter
als Landgräfin von Thüringen,
wie später hierzulande Luther,
dass Glaub und Liebe
können Pein bezwingen

Das Tun der edlen Frau sollt Schule machen,
sollt Beispiel gebend für uns sein,
den Kranken sollt man bieten Hilfe,
den Armen Brot gib, lass sie nicht allein.
Lasst uns ein wenig nach sie ahmen,
ein wenig nur Verzicht auf Privileg,
erinnern uns, woher wir kamen,
als Hilfe fanden wir auf unserem Weg.
Gewiss, Legenden aus dem Mittelalter zu bemühen,
um unsere Moralgesetze zu erläutern,
erscheint absurd, doch sei es mir verziehen,
um unsere Herzen zu erweitern,
hab ich Elisabeth mir ausgelieh'n.

Derweil wir fühlen uns entrückt dem Mittelalter,
ereilt uns unbemerkt die Dekadenz,
am härtesten betroffen ist das Jugendalter,
wo Lehrstell' fehlt, wo Schul' geschwänzt.
Mit Talk-Shows, Pomp und Firlefanz,
mit Pisa-Analysen, Eherecht der Schwulen
verbiegen wir die Sinne uns noch ganz,
das Chaos, Grundgesetz in unseren Schulen,
bringt uns nicht weiter, müssen uns besinnen,
auf Werte, die, wenn nicht gepflegt, verrinnen!

Dr. R. Scharff / 18.10.2006

Reinhardsbrunn am 19. März 2006

Heut habe ich die schönsten Stunden
wohl unten an dem Bach gefunden,
wo Graureiher und wilde Enten
kaum schöner sich woanders fänden.
Und, dass ich die ja auch erwähne:
schönste Vögel, Höckerschwäne!
Verlass ich Ufer dann und Teich,
ist mir schon die Seele weich –
will noch mehr sie mir aufweichen
mit den Bildern alter Eichen,
Zeugen der Vergangenheit,
die überdauern alle Zeit,
ohne Blätter stehn sie nackt,
dass der kahle Frost sie packt,
dennoch scheinen sie stabil:
1000 Jahre Lebensziel!
Weiter zieh ich meinen Schritt –
Sonn` und Nebel halten mit,
ringsumher ist niemand mehr.
Nur der Kleiber kündet laut,
dass er schon ein Nest gebaut,
trägt die Kunde durch den Wald,
dass jetzt doch der Lenz kommt bald.
Selbst der Bach schon leise raunt -
Eises Schmelze - Frühlings Sound.

Dr. R. Scharff / 19.03.2006

Besuch

Der Mond hat uns zur halben Nacht
Elisabeth als Gast gebracht.
Sie lädt mit ihrem hellen Schein
uns heute zum Verweilen ein.
Elisabeth sagt: »Haltet fest!
Die schlechte Zeit bleibt nur ein Test.
Ihr solltet nie verzagen,
behaltet immer guten Glauben –
das wird in allen schweren Tagen
nie Euch die Kraft und Hoffnung rauben.
Symbolkraft strahlt zu allen Zeiten,
so auch das Reinhardsbrunner Bild,
bewahrt Ihr es, wird es Euch leiten,
ja, sogar schützen wie ein Schild!«
So lasst uns stets mit den Gedanken
zur Rettung dieses schönen Ortes
den Bauzaun räumen, weg die Schranken –
die Tat folge der Kraft des Wortes!

Dr. R. Scharff

Was bedeutet uns Geschichte?

Was bedeutet uns Geschichte?
Je älter, umso kälter?
Nein, je klarer ihr Gesicht,
desto schwerer ihr Gewicht!

In einer alten Schmiede
bescheidenen Gebälk
steht, wie in einem Liede,
Dessen Texte welk,
ein Fundus zur Verfügung,
des Inhalt sehr begehrt,
er sträubt sich der Verbiegung,
ist von höchstem Wert.
Hier lebt Geschichte wieder auf,
man zeigt, wie man hier lebte,
wie Menschen gaben niemals auf,
auch, wenn die Erde bebte.
Und diese Heimat bebte oft,
von Bomben und Gewalten,
doch trotzten sie, haben gehofft,
sie waren stark, die Alten.
Denker, Dichter und Erfinder,
Handwerker und Wäschebleicher,
altes Spielzeug ihrer Kinder,
Nobles und der Bauern Speicher,
immer Vor- und Nachkriegszeit,
fast alle waren stets bereit,
Bestes für den Ort zu tun,
selten gab's nur auszuruhn.

Zu kurz kommen die Ludowinger,
jene progressiven Grafen,
Land- und Landschaften–Bezwinger,
die hier auf die Wälder trafen.
Wälder, Berge, reine Luft
lockten her auch manchen Schuft,
Hoffnung, dass Reinhardsbrunner Schloss
nicht wieder fiel an solchen Tross,
denn es erlebte seit der "Wende"
Baron "Münchhausens" ohne Ende.
Geb's Gott, dass hier, befreit vom Staub,
moderne Menschen nehmen mit,
wofür Elisabeth einst, mit Verlaub,
sich einsetzte und dafür litt!
Es möge diese einst'ge Schmiede`
den Heutigen und den ganz Jungen
vermitteln, dass man ganz solide
einst um jeden Erfolg gerungen.
Hier gibt es Heimatunterricht,
der klug uns macht und viel verspricht!

Dr. R. Scharff / 11.03.2009,

nach einem beeindruckenden Besuchserlebnis,
mir und meiner Frau durch Herrn Dörge vermittelt.

Unser Reinhardsbrunn

Lieb Wahrzeichen, magst ruhig sein
Du bist noch nicht vergessen
Es kämpft ein ganzer Förderverein
Von einer Idee besessen
Dass Du eines Tages wieder Zentrum wirst
Für Begegnung, getragen vom Geist der Geschichte
Ja, dass Du als ein Thüringer Symbol gebierst
Ideen von hohem Gewichte
Der Erhalt Deiner herrlichen Bausubstanz
Die Wiederbelebung der besten Gedanken
Ganz Thüringen sehnt sich nach Deinem Glanz
Mit dem Frohsinn vergeht letztes Wanken
Die Rechtlosigkeit, eine Missgeburt
Der sonst so segensreichen Wende
Dass sie noch immer um Dein Schicksal tourt
Dem setzt bald die Wahrheit ein Ende

Dr. R. Scharff / 28.10.2013

Sommernachtstraum

Was fehlt einer sommerromantischen Nacht?
Ich dachte mir, erzähl doch einfach den Traum,
den du dir nicht einmal selbst ausgedacht –
er gleicht einem großen Wunderbaum.
Dieser Baum war die große Friedenslinde
am schönen Reinhardsbrunner Schloss.
Jetzt der Versuch, dass ich wieder finde,
das Traumbild, das uns nicht fiel in den Schoß.
Ein Schauspiel-Ensemble, berühmte Leute,
sie probten für Shakespeares Sommernachtstraum –
und weil mancher sie fragte, was es denn bedeute,
dass man ihre Gesichter erkannte kaum.
Wie zum Maskenball in der Nacht von Venedig,
versuchten sie sich anonym zu halten.
Anmutige Gesten bewarben uns stetig,
besonders bezirzten sie unsere Alten.
Sie spielten uns vor eine schöne Welt.
Sie zeigten das Schloss in erneuter Vollendung.
Unter ihrer Regie gab es reichlich Geld, -
Wir dürften bestimmen über dessen Verwendung!
Selbst die neuen Schlossherren zahlten dann Steuern,
bei Hinterziehung dürft man sie feuern.
Dann, Schlossglocken, die man unlängst zurück gebracht,
läuteten klangvoll um Mitternacht,
hatte die Maskerade ein Ende.
Die Schauspielertruppe sahen wir jetzt in echt.
Mit Werbeplakaten saßen sie im Gelände,
darauf wartend, dass ihr sie ehrlich ansprecht.

Die Roten, die Schwarzen, die Grünen, die Gelben –
Alle Spitzenkandidaten waren dieselben,
wie wir sie kannten vom letzten Mal.
Doch, jetzt spitzt bitte, alle eure Ohren!
Sie zogen mit uns in den Ahnensaal.
Unter Elisabeths Bildnis haben sie geschworen,
dass sie nie wieder wollten ihre Würde verlieren,
wie bisher allzu oft, nur, um zu regieren.
Wenn im September wir sie wieder wählen,
würden sie ihr bestes Können geben,
für der Landeskinder Wohl würden sie sich gern quälen, -
Reinhardsbrunn sollte schöne Höhepunkte erleben!

Ich habe als Traum es so echt erlebt,
kein Zweifel kommt auf an der Realität.
Wenn heut Ludwig noch donnert, dass die Erde bebt,
glaub ich fest daran, dass bald das Schloss wieder steht.
Dass es steht wie im Traum
und der Lindenbaum,
aus welchem Schubert-Deister ... Elisabeth
als Landgräfin für alle gezaubert hätt!

Dr. R. Scharff / 29.07.2014
geschrieben im fernen Ahrenshoop

Reinhardsbrunn

Von Eisenach `gen Reinhardsbrunn,
der Weg noch feucht vom Nebel.
Die Bäume noch im Schatten stehen,
man hört den Gesang der Vögel.

Der Ludwig und die Elisabeth –
sie eilen hoch zu Ross -
nach Reinhardsbrunn hinüber,
zum Kloster dort am Ort.

Der Mantel und die Bänder,
sie flattern bunt im Wind.
Der schnelle Schritt der Pferde,
erfreut das Königskind.

Sie fliehen von des Hofes Leben,
von Prass und Minnesang
hin zum ruhigen Leben –
wenn`s nur 2 Tage lang!

Von Tabarz her, durch Eichenhain
grüßt schon des Klosters Pforte.
Laut schallen ihre Worte:
wie schön ist`s doch an diesem Orte!

Walter von F'roda / 2011

Friedrichroda

Wenn am Morgen die Sonne neben dem Dachsberg aufgeht, der Tag für Mensch und Tier beginnt, dann danke ich dem Schöpfer, mich daran teilhaben zu lassen.

Die Sonne steigt und entfaltet ihre Kraft, ohne die kein Leben möglich wäre. Nicht das der Natur, nicht das des Menschen!

So freue ich mich und steige gedanklich mit in den Gesang der Vögel ein. Die Sonne steht nun über dem Körnberg und strahlt voll auf mein Friedrichroda.

Da liegst du – geliebtes Städtchen und erstrahlst in deiner ganzen Schönheit, eingebettet in das Grün der dich umgebenden Berge.

Nun steht das Licht des Lebens über dem Gottlob. Der Klang der Turmuhr verebbt gerade, die mit ihren Schlägen die Mittagsstunde angezeigt hat.

Das emsige Treiben verlangsamt sich, die Mittagsstunde fordert Geist und Körper zum Erholen auf. Die Sonne aber zieht weiter ihre Bahn und steht bald über dem Abtsberg und Schorn. Für viele ist das Tagwerk nun vollbracht und zufrieden schauen die Menschen der gold-rot untergehenden Sonne nach.

Auf Wiedersehen bis Morgen – so Gott will!

Walter von F'roda / 2012

Reinhardsbrunn, du Hort ...

Reinhardsbrunn, du Hort des Wissens,
Grablege der Ludowinger.

Große Zeiten hast du mitbestimmt.
Dein Ruf ging weit über Thüringen hinaus,
ins deutsche Land!

Du prägst Geschichte - 700 Jahre lang!
Nun liegst du da - wie ein totes Tier, ausgenommen,
nur noch der Kadaver ist zu sehen,
der langsam zerfällt.

Kein Dornröschenschlaf ist's der dich umgibt –
der Todesschlaf ist's der dich erstickt!

Wir sind blind und lassen's geschehen –
kann das jemand noch verstehen?

Steigt aus den Gruften - ihr Toten hier,
schreit heraus - was tut sich hier?
Lasst uns nicht noch einmal sterben!!

Walter von F'roda

Frühling

Knospen brechen, Vögel zwitschern.
Zartes Grün wiegt sich in lauer Luft.
Einst schneebedeckte Flur und Felder,
öffnen sich mit feinem Duft,
der Frühling lässt den Winter sterben.
Leben bestimmt jetzt die Natur.
Stimme ein im Chor des Lebens.
Schöpfe Kraft aus der Natur.

Walter von F'roda; 02.2013

Schloss Reinhardsbrunn

Großes Haus - totes Haus,
Mauern bröckeln, Zinnen brechen,
alte Linden die jetzt fallen,
zeigen deinen Untergang.

Keine Hand die dich behütet,
kein Sonnenstrahl durch Wildwuchs dringt,
stolz standst du erhaben,
wenn man alte Bilder sieht.

Unser Land hat dich verraten,
billigst wurdest Du verramscht.
Zwiegestalt die Käufer waren,
jetzt bist du in Russenhand!

Du beginnst dein Haupt zu neigen,
durch die Räume weht der Wind.
Sind doch Stimmen zu vernehmen?
Leider säuselt nur der Wind.

Schwarze Vögel dich umkreisen,
künden von dem Todeskampf.
Wie lange wird es Dich noch geben?
Sind nur Ruinen interessant?

Walter von F'roda

Obwohl ich lieber schreibe als zu lesen, finde ich in den seltenen Lesestunden immer wieder solch herrliche Beispiele von gelungener Poesie. Joseph Freiherr von Eichendorff hat gewiss nichts einzuwenden, wenn wir ihn mit seinem Gedicht "Mondnacht" zu uns einladen.

Es war, als hätt der Himmel
die Erde still geküsst,
dass sie im Blütenschimmer
von ihm nun träumen müsst.

Die Luft ging durch die Felder,
die Ähren wogten sacht,
es rauschten leis die Wälder,
so sternklar war die Nacht.

Und meine Seele spannte
weit ihre Flügel aus,
flog durch die stillen Lande,
als flöge sie nach Haus.

Robert Schumann hat dieses großartige Beispiel
für Poesie in den Mittelpunkt seines Liederkreises gestellt.
Thomas Mann nannte es »die Perle der Perlen".

Dr. R. Scharff

Reinhardsbrunner Traum

Habt Dank, ihr Beschützer von Reinhardsbrunn,
ich empfind es als Glück, dabei sein zu dürfen.
Die Historie gibt Anlass, hier tiefer zu schürfen.
Schön, dass zur "Volks–Fernseh–Wochen-Hauptstunde"
hier Thüringer und Gäste finden zusammen
und bilden eine spirituelle Runde
von Rufern und Suchern nach Wurzeln und Namen.
Ich träumte heut Nacht, dass sich auftat die Erde,
dort, wo Blumen und Gräser und Bäume blühen.

Es war Ludwig, der durch das Traben der Pferde
geweckt ward und wollte sich mit uns bemühen,
die Bedeutung dieses sakralen Ortes
in wahrhaftigen Bildern zu erklären,
um im wahrsten Sinne des Wortes
unser geschichtliches Interesse zu mehren,
dass Geschichte um ihn und Elisabeth,
mehr als nur Geschichten uns zu geben hätt`.
Er zeigte uns Bilder aus uralter Zeit,
als die Wälder noch undurchdringlich waren,
als die Großen und Kleinen nur lagen im Streit,
doch man ward schon geläutert am Wasser, dem klaren,
was vielleicht deshalb "Badewasser" genannt.

Nach der Schauenburg und der Kirche in Altenbergen,
die als erste Wohnstätten wurden bekannt,
darf man sich schließlich die Wartburg merken,
das Gründungssymbol für das "Thüringer Land."
Schon die nächste wichtige Wurzel betrifft,
wo die Landgrafen letzte Ruhe finden,
das Kloster, ein Benediktiner-Stift,
von dessen Ausstrahlung viele Fortschritte künden.
Die bleibende Bedeutung sollte der Ort erlangen,
weil Elisabeth, die eine Heilige ist,
hier betete mit dem großen Verlangen,
einer Losung, so edel, dass man nie sie vergisst:
„ööden Armen und Kranken Hilfe geben
durch Nächstenliebe – das sei unser Streben".

Dr. R. Scharff

Wartburg

Hoch droben auf dem Berge,
da steht sie stolz und schön,
verborgen dicht im Nebel,
sie ist kaum zu sehen.

Steh hier vor Ihren Mauern,
voll Ehrfurcht und voll Stolz,
tausend Jahre Geschichte, zu Stein erbaut,
hier Wald am Anfang war, nur Holz.

Es fügten sich die Zeiten.
Wen hat sie alles geschaut?

Hochherrschaftliche Leute,
längst sind sie eingescharrt.
Ihr Wirken und Legenden,
in dicken Büchern sind sie aufbewahrt.

Feengeflüster unsichtbar in Nebel gehüllt,
mit Bedacht sie ihre Worte wählen.

Oh Ort der Träume,
geheimster unerfüllter Sehnsüchte.

Sie ist steingewordenes Vermächtnis,
sollst Richtschnur und uns Mahnung sein,
Geschichte weiter zu schreiben,
selbst aktiv zu werden.

Ob es uns gelingt?
Die Zukunft wird unser Richter sein.

Andreas Paasche

Schauenburg

Schauenburg - ein Felsen nur und sonst nichts?

Geschichte ward geschrieben,
noch vor der Creuz- und Wartburg hier!

Die Ludowinger Wiege ist's,
die erste von den Burgen.
Sie stand 300 Jahre lang,
nun ist sie verschwunden.

Der steile Berg, die stolze Feste,
man kann sie nur erahnen.
Der Ludwig mit dem Barte,
er sucht nach seinen Ahnen.

Der Wind die Blätter rascheln lässt –
sind leise Stimmen zu vernehmen?
Die Seelen von den Ludowingern,
sie haben sich was zu erzählen!

Walter von F'roda / 2012

Marienquelle

Wasser sprudelt aus dem Quell
staut sich auf zum Weiher.
Schlange windet sich im Gras,
Libelle fliegt übers Nass.
Molche ziehen durch klares Wasser,
Sonne spiegelt sich darin.
Schön der Tag - mein Herz ist Gold.
Von Sonnen verwoben, von Wonne voll,
der Wind leis das Blattwerk wedelnd.
Schön der Tag, der mich veredelt!

Walter von F'roda / 03.07.2013

Geschichte

Geschichte von wenigen einzelnen Orten
ist immer wieder gewendet worden.
Ich sag mal – wer hat denn den Krieg angefangen?
Heute wird das fast fragwürdig analysiert.
Davor und während und danach großes Bangen.
Der Arme nichts als sein Leben verliert.
Wir wissen heut alle, dass Krieg nur zerstört.
Die Geschichte hat uns darüber belehrt.
Uns mit fadenscheinigen Argumenten
Über Schuld oder Unschuld am kommenden Krieg,
in welchem wir alle den Tod wohl fänden,
zu verwirren, das darf jenen nicht gelingen,
die mit starken Waffen setzen auf Sieg.
Nein! Wir beharren weiter auf Frieden,
der uns sieben Jahrzehnte gelungen ist.
Europa kann nur als Ganzes gedeihen,
auch mit Russland, trotz momentanem Zwist.
Wir leben auf einem Kontinent,
wir schätzen die ernste russische Seele.
Wir wollen als Partner der USA
als ein neues großartiges Deutschland vermitteln
um die Kontinente zu wichtigen Dingen zu führen,
die wir momentan fast aus den Augen verlieren.
Ein Ziel muss es geben: „die Waffen nieder!
Mütter und Kinder, singt Friedenslieder!"

Wendet euch dem Flüchtlingsdrama zu!
Helft, wie Elisabeth es getan!
Packt die Themen der Welt von unten an,
denn die Machthaber scheinen jetzt ratlos zu sein.
Sie pokern nur um ihren Heiligenschein.
Es werden die wichtigsten Ziele verkannt.

Nie wieder Krieg in unserem Land!

Dr. R. Scharff / 27.06.2015

Hoffnung

Die Jägersleute geh´n auf die Jagd
Der Herr verlangt Dienste von seiner Magd
Die Banker, sie jagen nur nach dem Geld
Egoismus geht um in unserer Welt
Die Mutter ist Kummer gewohnt und Sorgen
Hier fragt uns das Reinhardsbrunner Schloss
„Habt Ihr Pläne zu meiner Rettung schon morgen?“
Wir alle bedauern das traurige Los,
das dem Schicksal des würdigen Ortes begegnet,
dem Kloster, das durch seine Geschichte gesegnet,
hier, wo die Thüringer Wiege stand,
wo Ludwig der Vierte letzte Ruhe fand,
wo die Heilige Elisabeth hat gebetet,
hier wird heute Erinnerung frevelnd getötet.
Wir dulden, dass Rauben und Plündern geschieht,
auf geschichtsträchtig Thüringer Gründungsgebiet! ...
Nicht verzweifeln! Im Tale keimt Hoffnungsglück.
Schon bald kehren wohl die Glocken zurück.
Betrüger und räuberische Gesellen
werden entlarvt und erkannt und bestraft.
Als büßende Sünder werden sie an den Quellen
der Thüringer Wiege ihre fördernde Kraft
zum Gedeihen und Werden des Zentrums einsetzen
und nie wieder Heiligtümer verletzen.
Die Steinmetze, Maler und Zimmerleute,
eine stattliche Zahl von großzügigen Spendern, -
aller Einsatz wird beitragen zur großen Freude, -
das traurige Gegenwarts-Bild bald sich ändern.
Mit Goethes Faust´schen Gedanken
»solch ein Gewimmel möchte ich sehn,
mit freiem Volk auf freiem Grunde steh n“,
werden sich Förderverein und Ihr Alle bedanken.

Dr. R. Scharff / 19.08.2014

Romantische Nacht

Wir begehen heut eine »romantische Nacht"?
Darin spiele ich gedanklich gern Ludwig, den IV.
Im Rampenlicht alter herzoglicher Pracht
empfinde ich, wie sie damals herumirrten.
Doch gebe ich zu, selbst romantisch zu fühlen,
wenn in Nächten wie dieser, im Sommer, im Schwülen,
ein Ruf nach Reinhardsbrunn zum Schwanenteich
zu vernehmen ist, mit euch zurück zu rufen
das romantische Reinhardsbrunner Reich
auf historischen klösterlichen Hufen.
Wir hören gemeinsam im Ahnensaal,
im Background klingen Schwanengesänge,
den Händelschen Ludowinger - Choral, -
und ein Schwanenballett windet sich durch die Gänge.
Wenn wir nur wollen und haben Lust,
können alle heute noch einmal erleben,
wie manch Urlauber mit geschwollener Brust
hat sich in das Prinzessinnenzimmer begeben.
Hier findet ein Jeder von euch die Romanze,
genau passend zur romantischen Nacht, -
mit der eignen Prinzessin geht's dort aufs Ganze,
doch Vorsicht, NSA hält auch hier heute Wacht!
Spaß beiseite, es geht um »romantische Nacht« –
Elisabeth ist's, der wir so viel verdanken:
Das Mitgefühl und die Nächstenliebe,
der Glaube, der uns eint, überwindet die Schranken,
und Grenzen und vieles was sonst noch bliebe.

Dr. R. Scharff / 29.07.2014

Reinhardsbrunner romantische Nacht

Hat schon manche Ideen zum Schwingen gebracht.
Romantiker sehen mit anderen Augen,
sie schwärmen von Dingen, die sonst nicht viel taugen,
für sie gilt der Mond als die Sonne der Nacht.
So sei es erlaubt, unter Reinhardsbrunns Bäumen
in die Zukunft voller Optimismus zu schauen.
Ich möchte mit euch ein Ereignis träumen,
das mir würdig erscheint, um es aufzubauen.
Die Vorzeichen dafür stehen sogar sehr gut.
Die erste Begegnung dazu macht der Knut,
nicht der Eisbär, denn alle Kinder kennen;
nein, den OB von Gotha schickte ich in das Rennen.
Er traf die Königin Elisabeth,
von der Ausstrahlung fast wie die Namens-Patronin,
die ich noch lieber heute gesehen hätt`,
doch ist sie uns nahe in dieser Nacht
und verleiht unsrer Fantasie große Macht.
Wir werden auf große Ausgaben verzichten,
die Millionen wollen wir lieber den Armen geben,
wenn wir hier bald den nächsten Gipfel einrichten,
zu gedenken den Menschen, die verlieren ihr Leben,
weil Kriegslust und Machtgier unbändig geworden,
Politiker ratlos das Falsche beschließen,
mit verantwortungslosen Waffenexporten
fördern noch weiteres Blutvergießen.
Wir rufen Obama und Putin hierher,
die Losung des Gipfels wird einfach lauten:
kommt zusammen zur friedlichen Wiederkehr!

Nur mit offenen Karten sie in die Augen sich schauten.
Es gibt noch und noch Gründe, zusammenzuhalten.
Ruhig zur Eröffnung mal beten, die Hände falten.
Elisabeths Lebensmotto wird führend
»Barmherzigkeit und Nächstenliebe".
Angela Merkels Name, ein Engel, so rührend.
Und auch Ursula nicht mehr die Märtyrerin bliebe,
einfach das Amt abgebend Geschichte schreiben
und nicht weiter Konflikte auf die Spitze treiben.
Ein Licht in der Nacht wie die Sonne so hell,
es würde die ganze Menschheit erleuchten.
Die jetzt noch sehr Bösen kommen ganz schnell,
um zu konvertieren, ohne büßen zu beichten.
So lebt dieser, einst Thüringens Gründungsort,
in dem spirituellen Zentrum fort.

Dr. R. Scharff / 28.06.15

Die Klosterlinde

Kaum eine Baumart passt so gut zur Poesie, zum Kloster und seinem Park wie die Linde, denn die Linde gilt seit alter Zeit als Baum der Harmonie und als Baum der Liebe.

Bei jedem Schlag und verhalltem Klang der Glocken des einstigen Münsters des Klosters wirkte die Linde furchtsam und fromm.

Die Klosterlinde stand in etwa 25 m südlich des »Hohen Hauses", in der Nordwest-Ecke des ummauerten Rosengartens.

Schloß Reinhardsbrunn.

Blick aus dem Rosengarten, links im Bild der Standort der Klosterlinde ohne »Gebäu".
Die Karte stammt etwa aus der Zeit von 1913. Sie zeigt sie Südansicht des Schlosses,

Im 18. Jahrhundert war sie mit einem hölzernen "Gebäu" versehen worden. Im Geäst des Baumes, auf dem »Gebäu", einem wahrscheinlich offenen Holzsäulensaal, war ein Holzboden aufgezogen und eine Treppe führte hinauf. Diesen kleinen Garten nannte man damals liebevoll »Lindengärtchen".

Bis weit in das 19. Jahrhundert hinein hatte dieses kleine "Gärtchen" Bestand und wurde vielmals erneuert.

Mit ein klein wenig Fantasie kann man sich leicht ausmalen, welche poetisch verträumten, aber wohl auch heimlichen Liebes-Abendteuer hier ihren Verlauf genommen haben mögen.

Bekannt geworden ist, dass sich im 17. Jahrhundert hier einige "idyllische Sommermärchen und Sommerfreuden" des damaligen Herzogs abspielten. Was wohl könnte uns die Linde heute noch davon erzählen? Färbten sich dann ihre Blätter schnell purpurrot dabei? Schweigend hat sie im Laufe ihres Lebens alles vernommen, gehört und dem Raunen des Windes gelauscht. Im Sommer konnten die in der Nähe Verweilenden das leise Rascheln ihrer Blätter hören – sie mit allen Sinnen wahrnehmen und genießen.

Alle Jahre wieder, seit der Schlosspark nicht mehr von fachkundigen Gärtnern gepflegt wird, nimmt das Schicksal seinen tragischen Verlauf. Unsere mächtigen, uralten Linden und andere seltene Bäume, die durch Wind und Stürme der Vergangenheit geschwächt sind, brechen einer nach dem anderen zusammen. So auch im Jahr 2001 die alte Gerichts-7 / Abtslinde und 2013 der stolze Baum südlich der Schlosskirche, auf einer kleinen Erhebung.

Am 31.05.2013 nahm das Schicksal wieder einmal seinen tragischen Verlauf, seitdem liegt der Baum unbeachtet da. Foto: Peter Köllner im April 2016

Die Klosterlinde war Mittelpunkt und Ruhepol im Schlosspark. Nichts von der stolzen 800 Jahre alten Klosterlinde war zu retten, auch nichts von den anderen alten, ehrwürdigen Bäumen im Park, die der Klosterlinde folgten. Jahrhundertelang standen sie im Schlosspark, haben jeden Glanz und Niedergang des ehemaligen Klosters und Schlosses miterlebt.

Als ein Zeichen dafür, dass hier im Schloss und im Schlossgelände neues Leben einkehren soll und vor allem auch, weil die Linde als Baum des Lebens gilt, ist es wohl unsere Verpflichtung, eine "Neue" zu pflanzen. Jeder Baum steht symbolisch als Zeichen für ein neues Leben.

So können wir hoffentlich einen kleinen Teil der Schuld am Vergehen der Schönheit der alten Parkanlage abtragen.

Martin Luther würde mir wohl beipflichten:

>>**Wenn ich wüsste,
dass morgen die Welt unterginge,
würde ich heute ein**
(Linden-) **Bäumchen pflanzen.**<<

Martina Giese-Rothe
Reinhardsbrunn 2016

Gestern oder heute?

Seit Stunden fahre ich die Straßen entlang,
in der Hoffnung, von dir etwas zu sehen.
Seit Tagen hast du dich nicht mehr bei mir gemeldet.

Was ist los mit dir?

Dicke Tropfen schlagen laut auf die Scheibe meines Autos.
Mittlerweile ist es stockdunkel und ich kann trotz des Abblendlichtes kaum
den Weg erkennen.
Gedankenlos biege ich ab,
stoppe meinen Wagen, öffne die Tür.

Der Regen benetzt nicht nur die Autoscheibe, sondern auch mein Gesicht.
In diesem Moment kann ich es nicht unterscheiden: Sind es Regentropfen
oder Tränen?

Knirschend öffnet sich das Tor vor mir.
Ich bin so verwirrt und weiß nicht mehr,
wo ich mich befinde.
Ist es das Tor zur Wartburg?
Oder zu meinem geliebten Reinhardsbrunn?

Eine Eule ruft in diesem Moment und von weit her …
und ich kann einen einzigen Glockenschlag hören.

Wo bist du?
Wo bin ich?

Martina Giese-Rothe, 2016

Das Geschenk

Frei übertragen und erzählt von Peter Köllner nach den Tagebüchern von Queen Victoria, betreffend ihrer Reise mit Prinz Albert in seine Heimat im August 1845.

Der Buckingham-Palast, alte Postkarte, Ansicht ca. 1840

Trotz der anstehenden Probleme daheim hatte ich (1) mich dafür eingesetzt, zusammen mit Albert (2) diese Reise zu organisieren und meinen Premierminister, Sir Robert Peel (3), von deren Notwendigkeit zu überzeugen. Daheim würde alles in guten, treuen Händen liegen und unsere vier Kinder (A1) befänden sich in bester Obhut. Dessen war ich mir sicher. Wie gerne hätte ich sie doch mit auf die Reise genommen, aber dazu waren auch die zwei Ältesten, Vicky und Bertie, noch zu klein.

A1
Queen Victoria hatte zum Zeitpunkt der Reise vier Kinder: (4) Vicky, geb. 21. Nov. 1840; (5) Albert Eduard (auch Bertie genannt), geb. 09. Nov. 1841; (6) Alice, geb. 25. April 1843; (7) Alfred, geb. 06. Aug. 1844. Im Verlauf ihrer Ehe mit Prinz Albert, den sie am 10. Februar 1840 heiratete, hatten sie neun Kinder.

Die sich immer mehr steigernde Not in Irland (A2) und die aktuellen Entwicklungen im Empire konnte ich dank der modernen und immer schneller werdenden Nachrichtenübermittlung gut im Auge behalten. So hatten wir in diesem Jahr endlich die Zeit zusammen, den Geburtstag von Albert unter Anteilnahme der Menschen in seiner Heimat zu begehen. Heute, im Ausklang des Abends des **26. August 1845**, dem Geburtstag meines geliebten Albert, kommen mir die vorangegangenen Tage wie ein durchlebter Traum vor. Als das wirkliche Geschenk von mir zum Geburtstag für meinen Prinzen war diese Reise selbst anzusehen.

A2
Ganz Irland gehörte im Jahr 1845 zum »Britischen Empire", hatte aber in diesem eine besondere Stellung inne. Vieles ließ es, insbesondere durch die Handlungs-weise der britischen Großgrundbesitzer und trotz einer eigenen parlamentarischen Vertretung im »Britischen Reich", nach außen wie eine Kolonie erscheinen. In dieser Zeit kam es durch die sich auch in Irland ausbreitende Kartoffelfäule im Zusammenwirken mit der Politik der Großgrundbesitzer zur großen Hungersnot. Diese erstreckte sich bis in das Jahr 1849 hinein. Es starben fast 1,5 Millionen Iren! Dadurch wurde auch die wohl größte Auswanderungsbewegung Irlands ausgelöst. So wanderten infolgedessen fast 2 Millionen Iren nach Kanada, in die USA oder nach Australien aus. Am Ende der Hungersnot waren es schon 2,5 Millionen Einwohner weniger, als zu Beginn des Jahres 1845. Hier wird von ca. 9 Millionen Bewohnern Irlands ausgegangen. Prinz Albert verfasste, auch im Namen Victorias, ein Memorandum, um geeignete Maßnahmen zur Linderung der Not einzuleiten. Seitens des damals regierenden Premierministers, Sir Robert Peel, erfuhren sie dabei politische Unterstützung, konnten sich aber auf politischer Ebene nicht durchsetzen. Victoria durfte ihr Mitgefühl nur privat äußern. Sie spendete aus ihrem Privatvermögen 2000 Pfund an die »Britische Gesellschaft zur Erleichterung der größten Not in den abgelegenen Gemeinden von Irland und Schottland."

Gerade vor nicht einmal ganz drei Wochen (Anm.: Reisebeginn am 8. August) weilten wir noch auf unserem Familiensitz im fernen und doch so nahen England und heute war ein lang ersehnter Wunsch von mir, die Plätze von Alberts Kinder- und Jugendzeit zusammen mit ihm zu besuchen, wahr geworden.
Überall auf dieser Reise waren wir warmherzig und unter großer Anteil-nahme der Bevölkerung willkommen geheißen worden. Das trug dazu

bei, dass meine bisherige Unruhe immer mehr einer erwartungsvollen Gespanntheit wich und ich mich wie im vertrauten Umfeld fühlte.

Erst zu später Stunde gingen wir an diesem Tag in "Rosenau" zu Bett.

27. August 1845

Am nächsten Morgen, gegen 07:00 Uhr, erwachte ich mit schwerem Herzen. Der Morgen war nach dem nächtlichen Regen angenehm frisch. Nachdem ich etwas im Garten umhergeschlendert war, frühstückte ich gemeinsam mit Ernst (8) und Alexandrine (9) vor dem Haus. Ich fühlte mich, als würde ich meine 2. Heimat verlassen und spürte das Verlangen, bald wieder hierher zurückkehren zu wollen. Als Kind hatte ich immer so viel über "Rosenau" von meiner Mama und später dann von meinem geliebten Albert gehört, sodass es mir eine Freude ist, jetzt hier zu sein.

Schloss Rosenau, ca. 1890

Ich warf noch einen letzten Blick in die Räume und dann, etwa Viertel nach acht verließen wir das liebliche und beschauliche "Rosenau". Zusammen mit Ernest und Alexandrine fuhren wir in deren kleinem, offenen Wagen in Richtung Neuses und Beiersdorf (heute Stadtteile von Coburg). Wir gingen zu Fuß zum Fuchsberg und fuhren von dort aus weiter nach Rodach. Hier begrüßten uns einige in den Farben Weiß und Grün gekleidete Mädchen, die Blumen überreichten und Verse vortrugen. Der Geistliche sagte zudem ein paar Worte des Willkommens. Die Passanten, welche entlang des Weges standen, trugen Festtagskleidung.

Am Schloss Rodach stiegen wir für eine Weile aus.

Schloss Callenberg bei Rodach, Ansicht ca. 1840

Eigentlich ist dieser Flecken eher ein kleiner Schießplatz. Albert war als Kind oft mit seinem Vater hier, denn das war einer der Lieblingsplätze von ihm (dem Vater). Im Anschluss daran erreichten wir die Gegend von Meiningen.

Noch außerhalb der Stadtgrenze wurden wir vom Herzog (10) und seinem Sohn (11) begrüßt und in die schöne Stadt hineingeleitet. Der Pfarrer hielt eine herzliche Begrüßungsrede. Uns wurden viele Persönlichkeiten aus dem Umfeld des Herzogs vorgestellt, ehe wir dann zum gemeinsamen Abendessen übergingen und die Weiterfahrt antreten konnten.

Schloss Landsberg bei Meiningen, Ansicht ca. 1850

Beim Verlassen von Meiningen eröffnete sich ein schöner Ausblick auf Schloss Landsberg. Das ist das hübsche Schloss des Herzogs inmitten einer Ebene, umgeben von wunderschönen Wiesen, die so typisch für Deutschland sind. Die darauffolgende Landschaft wurde immer hübscher und der "Thüringer Wald" kam in Sicht. Hier wird ein großer Teil des heimischen Tabaks angebaut. Während der Fahrt durch die Dörfer sahen wir Häuser, an welchen der Tabak zur Trocknung aufgehängt war. In Schwallungen, das mir eher als ein kleiner und schmuddeliger Flecken erschien, wechselten wir die Pferde.

Nach 18:00 Uhr erreichten wir Schmalkalden, eine größere Industriestadt. Hier erwartete uns eine große Menschenmenge und ein humorvoller

Postmeister. Der brachte uns sehr zum Lachen. Von hier aus ging es weiter hinein in eine der schönsten Landschaften. Hier gab es mit schönen, kräftigen Tannen bewachsene Berge, wie in Schottland, verstreut liegende malerische kleine Dörfer und eine klare (reine), kühle Bergluft. Direkt am Schmalkaldischen angrenzend, beginnt Ernests Territorium. Als der Aufstieg hinauf zum Kamm des Thüringer Waldes erfolgte, setzte langsam die Dämmerung ein.

Das Heuberghaus zum Ende des 19. Jahrhunderts

Dort oben (auf dem Heuberg) waren viele Menschen versammelt, die uns begrüßten. Herr von Stein hielt eine sehr ansprechende Rede. Einige Bauernmädchen zeigten ihre reizvollen heimischen Trachten und rezitierten Verse. Das Ganze wurde von einem sehr schönen und geschmackvollen Triumphbogen geziert.

Von hier aus verlief unsere Fahrt in einem sanften, großartigen Abstieg (A3) inmitten von edel bewaldeten Bergen beiderseits, entlang eines Tales mit einem Bach.

Thüringer Landschaft nahe Reinhardsbrunn, Lithographie
von Ferdinand Zschäck (1801-1877), Mitte 19. Jahrhundert

Den ganzen Weg hinab folgte uns die Bevölkerung, die uns oben auf dem Kamm empfangen hatte.

Als wir in Friedrichroda ankamen, war die Dunkelheit schon hereingebrochen und die kleine Stadt war hell erleuchtet, alle Fenster waren aufgezogen.

A3
Die Abfahrt erfolgte auf der erst 1842 in Betrieb genommenen neuen »Schmal-kalder Straße«(Verlauf von Friedrichroda aus über den Heuberg nach Schmalkalden). In 1839 war an der damals fast fertig gestellten Straße auf dem Heuberg das Haus für die Chausseegeldhebestelle, später dann auch ein Gastwirtschaftsbetrieb errichtet worden.

Alt-Friedrichroda mit Blick ins Tal hinauf zum Heuberg, ca.1840

Von der Stadt aus ging es im Schritttempo in Richtung Reinhardsbrunn, das ganz in ihrer Nähe liegt, weiter. Hier hatten sich schon eine ganze Reihe von Leuten versammelt. Wir waren in der Tat dankbar dafür, dass sich die Fahrt dem Ende zuneigte.

Reinhardsbrunn ist ein lieblicher Ort und das Schlossgebäude (Haus) ist wundervoll – ganz nach den Vorstellungen des lieben Papa, sehr geschmackvoll gestaltet. Reinhardsbrunn war ursprünglich ein Kloster.

Wir begaben uns umgehend auf unsere Zimmer im Obergeschoss, die er und Mama für uns haten herrichten lassen. Es gab einen Salon für beide von uns, ein Schlafzimmer, ein Ankleidezimmer und einen Vorraum. Ich begab mich auf den Balkon unterhalb unserer Zimmer. Von hier aus eröffnete sich ein Blick auf den Schlosshof. Nachdem ich ein wenig geruht hatte, begab ich mich in den Salon, wo Alexandrine Tee reichte. Danach sahen wir einen Fackelzug der hiesigen Bergleute in ihrer typischen Bergmannskleidung kommen. Sie waren neugierig auf uns und hatten diesen Fackelzug uns zu Ehren veranstaltet.

Als wir uns dann zur Ruhe begaben, fand ich einen Brief von den lieben Kindern mit guten Neuigkeiten vor. Alfred war an zwei weiteren Zähnen operiert worden. Ihm geht es inzwischen schon viel besser, und darüber war ich sehr erleichtert.

Schloss Reinhardsbrunn Ansicht 1839

28. August 1845

Morgens, so gegen 08:00 Uhr, stand ich, noch etwas müde von der vorangegangenen, für mich etwas unruhigen Nacht, auf. Das Schlagen der Uhr und der Nachtwächter hatten mich nicht zur Ruhe kommen lassen. Dann, um 09:00 Uhr, begaben wir uns zum gemeinsamen Frühstück. Pünktlich zu diesem Zeitpunkt kam Großmutter (12) in Reinhardsbrunn an. Ich eilte ihr entgegen, um sie hier bei uns zu begrüßen.
Sie ist eine überaus charmante und gutaussehende alte Dame, die für ihre 74 Jahre noch sehr vital und aktiv ist. Leider ist sie inzwischen stark schwerhörig. Sie erschien mir sehr glücklich darüber, uns zu sehen. Ganz

besonders auch mein geliebter Albert war sehr gerührt, ihre Freude darüber, uns zu sehen, erleben zu können, hatte er doch diesen Augenblick schon so lange herbeigesehnt.

Großmutter frühstückte mit uns und verließ Reinhardsbrunn dann wieder, um nach Gotha zurückzukehren. Hier wollten wir uns dann am Abend auf Schloss Friedrichsthal, der Sommerresidenz von Großmutter, treffen.

Etwa 11:00 Uhr begaben wir uns dann, in Begleitung von Charles (13), auf einen Rundgang durch den Park. Wir gingen um das schmucke Hauptgebäude herum. Es ist von wunderbaren Bäumen und Blumen umgeben. Dahinter, in der Ferne, erheben sich sanfte, bewaldete Berge. In unmittelbarer Nähe, nordwestlich vom Schloss, eröffnet sich der Blick auf das Wasser eines Sees. Das macht diesen Ort für mich zu einem der anmutigsten derer, die man sich vorstellen kann. Auf dem Rundgang gingen wir auch zur alten Kapelle, an der Ostseite des Schlosses.

Die alte Schlosskapelle zu Reinhardsbrunn mit den außen angebrachten Grabplatten, Zeichnung C. Patschke 1849

In dieser wird ein Holzkreuz, das schon St. Bonifatius (A4) gehört haben soll, aufbewahrt.

A4

Während der Missionstätigkeit in der ersten Hälfte des 8. Jahrhunderts hat Bonifatius, nach hiesiger Auffassung, den Bereich von Altenbergen durchstreift. Hier führte einer der alten Höhenwege des Thüringer Waldes in Richtung Ohrdruf entlang. Lange Zeit nahm man an, dass hier durch ihn die erste Kapelle Thüringens errichtet worden sei. Das konnte aber nicht zweifelsfrei belegt werden. An deren Stelle soll dann später die Johanneskirche durch Ludwig mit dem Barte errichtet worden sein. Die Ersterwähnungsurkunde Altenbergens aus dem Jahr 1141 belegt, dass das Altenberger Johanniskirchen-Kirchspiel bereits 100 Jahre zuvor, also um die Zeit, als der Stammvater der Ludowinger nach Altenbergen kam, existierte. Als dann im Jahr 1712 die direkt im Ort liegende **Immanuelkirche eingeweiht wurde, verfiel die alte Johanniskirche** *oben auf dem Berg, bis ihre Reste 1770 ganz beseitigt wurden. Um das Andenken an diese geschichtsträchtige, für Thüringen so bedeutende Kirche zu bewahren, wurde 1811 das Denkmal "Candelaber" auf dem Alteberg errichtet.*
Das Christentum war schon geraume Zeit vor Bonifatius in Thüringen heimisch. Dennoch war es zu Vermischungen mit heidnischen Riten gekommen. Daraus resultierte wohl eine relativ starke Opposition seitens der christlich-keltischen Priesterschaft gegen Bonifatius und damit gegen Rom.

Im Jahre 725 verlagerte er seinen Missionsschwerpunkt erneut nach Thüringen, wo er sechs Jahre zuvor mit seinem Christianisierungsversuch gescheitert war. Er kam dieses Mal als Bischof und päpstlicher Gesandter an seine alte Wirkungsstätte. Er wollte sein einmal begonnenes Werk vollenden. Zudem war Thüringen die letzte missionarische Herausforderung auf dem Weg zur Christianisierung der Sachsen. Ohne dieses Land zu bekehren, brauchte er gar nicht weiter nach Osten vorzudringen. Letztlich konnte die Opposition aber gegen die Macht der römischen Kirche wenig ausrichten. Schon bald konnte Bonifatius eine erste Missionszelle in Thüringen gründen: ein Kloster in Ohrdruf (Orthorpf), nördlich des Thüringer Waldes. Von hier ausgehend begann er in den darauffolgenden Jahren mit der Christianisierung der Bevölkerung.

Dieser hatte es wohl als Zeichen des Christentums der römisch-katholischen Kirche erstmals in alter Zeit nach Deutschland gebracht. Von besonderem Interesse für mich sind die an der Außenseite, als auch die im Innern der Kapelle eingelassenen Grabplatten der früheren

Landgrafen von Thüringengen. So auch die von Herzog Ernst I. drittem Prinzen Christian. (A5)

A5
Herzog Ernst I. von Sachsen-Coburg-Altenburg,
*25. Dezember 1601
†26.März 1675

Ernst I. hatte aus seiner Ehe mit Elisabeth Sophia 18 Kinder: 1642 wurde sein 3. Sohn Christian (*/† 1642) geboren. Sein Grab befand sich zu Ende des 18. Jh. in Reinhardsbrunn in der Schlosskirche (Quelle: Geschichte und Beschreibung des Herzogthums Gotha von Galletti, Dritter Theil, 1780, S.218).
Seitens des Tagebucheintrages von Queen Victoria heißt es aber nicht Ernsts I., sondern:"... John Cazimirs little boys is buried in the chapel.". John Cazimir ➔*bezieht sich wohl auf Johann Casimir (* 12. Juni 1564 in Gotha; † 16. Juli 1633 in Coburg), ein ernestinischer Wettiner. Der Vater war Johann Friedrich der II. (auch der Mittlere genannt). Unter Johann Casimir erreichten die Hexenprozes- se zu Coburg ihren Höhepunkt. Er selbst hatte aber in keiner seiner beiden Ehen Kinder. So habe ich in der freien Übertragung, den aus meiner Sicht wahrschein- lichsten und belegten Sachverhalt, dargestellt.*

Im Anschluss an den Spaziergang fuhren wir dann zusammen mit Charles und Ernest in dessen Wagen durch einen Teil des von herrlichen Fichten und Tannen bewachsenen Waldes. Hier sind die Bäume mit ihren erhabenen Zweigen besonders hochgewachsen. Die hohen Felsen, die sich vor uns auftun, bestehen hauptsächlich aus Porphyr. Es gibt schnelle Bäche. Dieser Teil des Waldes wird der "Ungeheure Grund" genannt. Hier gibt es Rotwild im Überfluss. Wir fuhren bis zur höchsten Erhebung. Das war ein schönes Erlebnis. Es wurde Zeit, wieder nach Hause zurück- zukehren. Bei unserer Ankunft zog sich Albert mit Lord Aberdeen (16) zurück. Ich selbst begann schon einmal damit, mein Tagebuch weiterzuführen.
Der Speisesaal des Schlosses, in dem wir unsere Mahlzeiten einnahmen, ist ein großer Raum, dessen Wände mit eindrucksvollen Hirschköpfen verziert sind. Die daran anschließende Hirschgalerie ist auch voll davon. Die Tiere sind allesamt von honorigen Personen erlegt worden.

Ach noch etwas: Reinhardsbrunn war ursprünglich ein Kloster.

Am folgenden Tag, so gegen 14:00 Uhr, bereiteten wir uns auf unsere Weiterreise vor. Danach ging ich in den kleinen Garten (Klostergarten) unseren Suiten gegenüber, um auch mein Tagebuch weiterzuschreiben. Gerade zu diesem Zeitpunkt kamen Onkel Leopold (14) und Louise (15) hier an.

> **»Nach dem lieben Rosenau, ist es Reinhardsbrunn, das mir mehr als alles gefällt. Ich wünschte mir genau hier mindestens eine Woche verbringen zu können.«**

So gegen 16:00 Uhr machten wir uns zusammen mit Onkel und Louise auf den Weg nach Gotha.
Der Ablauf, bei Benutzung der gleichen Gefährte, gestaltete sich wie in Coburg. Mein Onkel Albert, als auch Charles, trugen jetzt Uniform.
In unmittelbarer Nachbarschaft von Reinhardsbrunn ist Schnepfenthal gelegen. Dort wurden wir von Professor Salzmann (17) erwartet, dem Gründer der von ihm geleiteten, berühmten Lehr- und Erziehungsanstalt für Knaben. Diese präsentierten uns selbst verfasste Verse, die sie uns singend vortrugen. Ab und an gingen auch mal ein paar Töne daneben. Später dann erreichten wir Sundhausen. Hier sattelte Ernst sein Pferd. Von da an ritt er dann auf meiner Seite des Wagens, Alvensleben ritt dann auf der anderen Seite. Hier bildete sich eine Prozession aus Unmengen von Menschen von den Außenbezirken der Stadt bis hinein ins Zentrum von Gotha.
Die Art, wie sich die Bäuerinnen kleiden ist grundverschieden, zu den zuvor gesehenen. Die Kleidung ist viel dunkler, auch die Schnitte sind ganz anders. Das versuche ich in meinen Skizzen zu zeigen.
Die Stadt selbst ist wunderbar mit Blumen und Kränzen geschmückt. Vertreter des Magistrates richteten herzliche Worte der Begrüßung an uns.
So erreichten wir Schloss Friedrichsthal, genau gegenüber dem Palast gelegen, welcher ein besonders bemerkenswertes Bauwerk ist.

Blick auf Schloss Friedrichsthal in Gotha mit Orangerie ca. 1890

Am Eingang stand unsere geliebte Großmutter, so wunderschön in ein Kleid aus fließender, weißer Seide gekleidet, trug sie ihre Juwelen. Die ganze Familie, außer Mama (18), Tante Julia (19), Mama M. (20) und Feodore (21) sowie die Prinzessinnen und Gentleman, allesamt in Uniform, waren erschienen, uns willkommen zu heißen. So verbrachten wir dann noch eine Weile mit Gesprächen und bezogen unsere liebevoll gestalteten Zimmer. Erst gegen 20:00 Uhr waren wir dann mit Großmama allein. Wir saßen noch bis etwa 21:30 Uhr beisammen. Dann begab sie sich, ihres Alters geschuldet, zur Ruhe.

Gotha, der 29. August 1845

Nun bin ich gespannt auf die kommenden Tage und meine Eindrücke, die ich auf jeden Fall meinem Tagebuch anvertrauen werde.

PS: Die Darstellung des Besuches des königlichen Paares in der ehe-
maligen Heimat von Prinz Albert entstand in den langen Stunden des
Wartens auf meinen Heimflug nach eigenen Notizen. Bei meinen Be-
suchen in London hatte ich die Gelegenheit, stichprobenartig in den allen
Briten zugänglichen Aufzeichnungen, lesen zu dürfen. Seit etwa Mitte
2012 sind die Tagebücher von Queen Victoria auch online einsehbar.
Daheim angekommen stellte ich weitere Recherchen dazu an, um so
diesen in der Vergangenheit fast vergessenen, geschichtlichen Aspekt
von Reinhardsbrunn aus meiner Perspektive aufzuarbeiten.

Wer ist wer? - Register

(1) Queen Victoria
richtig auch Alexandrina Victoria;
* 24. Mai 1819 im Kensington Palace, London;
† 22. Januar 1901 in Osborne House, Isle of Wight

Sie war von 1837 bis 1901 Königin des Vereinigten Königreichs Großbri-
tannien und Irland.
Ab dem 01. Januar 1877 trug sie als erste britische Monarchin den Titel
»Empress of India (Kaiserin von Indien)."
Sie war die Tochter von Edward Augustus, Duke of Kent and Strathearn,
und Victoire von Sachsen-Coburg-Saalfeld und ist sowohl Ururgroßmut-
ter der jetzigen britischen Königin Elisabeth II. als auch von deren Prinz-
gemahl Prinz Philip.
Mit ihrer Thronbesteigung endete aufgrund des im Königreich Hannover
geltenden Salischen Gesetzes, das Frauen von der Thronfolge
ausschließt, die Personalunion zwischen Großbritannien und Hannover.
Victorias Tod beendete die Herrschaft des Hauses Hannover auf dem
britischen Thron; mit ihrem Sohn König Eduard VII. begann die Herr-
schaft des Hauses Sachsen-Coburg und Gotha.
Als konstitutionelle Monarchin war sie pro forma Herrscherin über mehr
als ein Fünftel der Erde und ein Drittel der Weltbevölkerung.

Während ihrer Regierungszeit erlebten die Ober- und Mittelschichten Großbritanniens eine beispiellose wirtschaftliche Blütezeit, und das Britische Weltreich stand auf dem Höhepunkt seiner Macht. Prägend für ihre Regentschaft waren der Einfluss ihres Cousins und Ehemannes Prinz Albert von Sachsen-Coburg und Gotha und ihr fast völliger Rückzug aus der Öffentlichkeit nach dessen Tod 1861. Sie handhabte die konstitutionelle Monarchie sehr eigenwillig und selbstbewusst, obwohl sie bereits bei der Parlamentseröffnung die vorgeschriebene Rede des jeweiligen Premierministers verlesen musste – ein »Staatstheater", bei dem sie sich zumeist vom Lordkanzler vertreten ließ. Victoria regierte 63 Jahre und sieben Monate, länger als jeder andere britische Monarch vor ihr. Am 09. September 2015 wurde sie durch Elisabeth II. überholt. Durch ihre zahlreichen Nachkommen erhielt sie auch den Beinamen »Großmutter Europas". Sie wurde aufgrund ihrer langen Regentschaft Namensgeberin für das Viktorianische Zeitalter.

(2) Albert von Sachsen-Coburg und Gotha

Prinz Franz Albrecht August Karl Emanuel von Sachsen-Coburg und Gotha, Herzog zu Sachsen, genannt Albert,
* 26. August 1819 auf Schloss Rosenau bei Coburg, Deutschland;
† 14. Dezember 1861 auf Schloss Windsor, Berkshire, England

Er war Ehemann Königin Victorias von Großbritannien und Irland und seit 1857 britischer Prinzgemahl (engl. Prince Consort).

Sein älterer Bruder war Ernst II., regierender Herzog im deutschen Doppelherzogtum Sachsen-Coburg und Gotha.

(3) Sir Robert Peel

Sir Robert Peel, 2. Baronet
* 05. Februar 1788 zu Brookside bei Blackburn, in der Nähe von Bury (Lancashire);
† 02. Juli 1850 in London

Er war ein britischer Staatsmann und Politiker und gilt als Begründer der Konservativen Partei.

Peel war vom 10. Dezember 1834 bis 18. April 1835, sowie vom 30. August 1841 bis 30. Juni 1846 Premierminister von England.

Er vertrat als Abgeordneter im Unterhaus die Interessen des Landadels, der Geistlichkeit und der englischen Oberschicht in Irland.

(4) Vicky

Victoria Adelaide Mary Louisa, Prinzessin von Großbritannien und Irland VA, ab 1888 Kaiserin Friedrich
* 21. November 1840 im Buckingham Palace, London;
† 05. August 1901 in Schloss Friedrichshof, Kronberg im Taunus

Sie war als erstes Kind von Albert von Sachsen-Coburg und Gotha und Königin Victoria von Großbritannien eine britische Prinzessin aus dem Hause Sachsen-Coburg und Gotha. Als Gemahlin Friedrichs III. war sie Königin von Preußen und Deutsche Kaiserin.

(5) Albert Eduard

Eduard VII. (engl. Edward VII.),
gebürtig Kronprinz Albert Edward;
* 09. November 1841 im Buckingham Palace, London;
† 06. Mai 1910 ebenda, entstamme dem Haus Sachsen-Coburg und Gotha und war der ältester Sohn Königin Victorias

Eduard war vom 22. Januar 1901 bis zu seinem Tod König des Vereinig- ten Königreichs von Großbritannien und Irland und Kaiser von Indien. Er war der erste britische Herrscher aus dem Haus Sachsen-Coburg und Gotha, das von seinem Sohn Georg V. zum Haus Windsor umbenannt wurde.

(6) Alice

Prinzessin Alice Maud Mary von Großbritannien und Irland

* 25. April 1843 in London;
† 14. Dezember 1878 in Darmstadt

Sie war ein Mitglied der britischen Königsfamilie und durch Heirat Groß-
herzogin von Hessen und bei Rhein. Prinzessin Alice heiratete 1862 in
Osborne House auf der Isle of Wight den späteren Großherzog Ludwig
IV. von Hessen und bei Rhein (1837–1892), den ältesten Sohn des Prin-
zen Karl Wilhelm Ludwig von Hessen und der Prinzessin Elisabeth von
Preußen.
Aus der Ehe gingen sieben Kinder hervor.

(7) Alfred

Alfred von Sachsen-Coburg und Gotha, Prinz von Großbritannien und
Irland, Duke of Edinburgh, Earl of Kent und Earl of Ulster
* 06. August 1844 in Windsor Castle, Berkshire, England;
† 30. Juli 1900 in Schloss Rosenau, bei Coburg

Er war ein britischer Marineoffizier und ab 1893 regierender Herzog von
Sachsen-Coburg und Gotha. Er war der zweitgeborene Sohn der
britischen Königin Victoria und ihres Gemahls Albert von Sachsen-
Coburg und Gotha und der Bruder der deutschen Kaiserin Victoria und
des britischen Königs Eduard VII.

(8) Ernst

Ernst August Karl Johann Leopold Alexander Eduard, Herzog von Sach-
sen-Coburg und Gotha
* 21. Juni 1818 in Coburg;
† 22. August 1893 in Reinhardsbrunn bei Gotha

Da die Ehe von Ernst mit Prinzessin Alexandrine von Baden kinderlos
blieb, wurde sein Neffe Alfred, der zweitgeborene Sohn seines Bruders
Prinz Albert und Königin Victorias, sein Nachfolger als Herzog von Sach-
sen-Coburg und Gotha.
Eine uneheliche Tochter, Helene von Sternheim (1839–1900), hatte er

mit einem Fräulein Steinpflug und den unehelichen Sohn Karl Raymond von Ketschendorf (1848–1899) mit der französischen Opernsängerin Victorine Noël, bekannt als Rosine Stoltz, (1815–1903), sowie den unehelichen Sohn Kamillo Graf Razumovsky von Wigstein (1852–1917) mit Rosa Freiin von Löwenstern (1814–1889).

(9) Alexandrine

Alexandrine von Baden, mit vollem Namen Alexandrine Luise Amalie Friederike Elisabeth Sophie
* 06. Dezember 1820 in Karlsruhe;
† 20. Dezember 1904 auf Schloss Callenberg

Sie war durch Heirat Landesherrin im Herzogtum Sachsen-Coburg-Gotha und Schwägern Queen Victorias.
Alexandrine wurde als älteste Tochter des Erbprinzen und späteren Großherzogs Leopold von Baden aus der morganatischen Linie des Hauses Baden und Prinzessin Sophie Wilhelmine von Holstein-Gottorp, Tochter des schwedischen Königs Gustav IV. Adolf, geboren.

(10) Herzog von Meiningen

Bernhard II. Erich Freund Herzog von Sachsen-Meiningen (Herzog Bern- hard Erich Freund - »Freund seiner Untertanen")
* 17. Dezember 1800 in Meiningen;
† 03. Dezember 1882 Meiningen

Er war von 1803 bis 1866 Herzog von Sachsen-Meiningen. Er hatte zwei Kinder, Georg II. und Auguste.

(11) Sohn des Herzogs von Meiningen

Herzog Georg II. von Sachsen-Meiningen,
* 02. April 1826 in Meiningen;
† 25. Juni 1914 in Bad Wildungen

Er war regierender Herzog von Sachsen-Meiningen, Reformator und

Förderer der Theaterkunst, Theaterleiter, Regisseur, Bühnenbildner, Kulturpolitiker und ein Förderer der Musik, auch bekannt als »Theaterherzog". Georg II. war aber auch ein großer Reformator der Politik in seinem Herzogtum.

(12) Großmutter von Prinz Albert

Karoline Amalie
* 11. Juli 1771 in Hanau;
† 22. Februar 1848 in Gotha

Karoline Amalie wurde als Prinzessin von Hessen-Kassel geboren. Ihr Vater war der Landgraf und spätere Kurfürst Wilhelm IX./I., ihre Mutter war Prinzessin Wilhelmine Karoline von Dänemark und Norwegen, Tochter des Königs Friedrich V.

Sie war als Gemahlin Herzog Augusts Herzogin von Sachsen-Gotha-Altenburg und genoss, insbesondere aufgrund ihres wohltätigen Wirkens, große Achtung.

Prinz Albert (Sohn von Karoline Amalies Stieftochter Luise) war zeitlebens der Lieblingsenkel der Herzoginwitwe. Von 1822 bis 1835 hatte er mit seinem Bruder Ernst alljährlich mehrere Wochen in der Obhut Karoline Amalies im Winterpalais verbracht. Bis zu ihrem Tode stand er mit ihr in regem Briefwechsel, wobei er sie stets mit »Geliebte Großmama«anredete und seine Briefe mit »Dein treuer Enkel Albert«zeichnete.

(13) Charles

Charles, Prinz von Leiningen, genannt Charles
* 12. September 1804
† 13. November 1856

Er war Queen Victorias älterer Halbbruder. Prinz Charles war der Sohn der Herzogin von Kent, Königin Victorias Mutter, aus ihrer ersten Ehe mit dem Fürsten von Leiningen.

Im Jahr 1848 wurde er Leiter für auswärtige Angelegenheiten im Deutschen Reich. Nach seinem Tod trauerte Queen Victoria, seine Halbschwester, sehr um ihn: »Es ist furchtbar, zu erkennen, dass ich sein liebes, liebes Gesicht nie wieder in dieser Welt sehen werde".

(14) Onkel Leopold

Leopold I. Georg Christian Friedrich von Belgien
* 16. Dezember 1790 auf Schloss Ehrenburg in Coburg;
† 10. Dezember 1865 in Laeken

Er war ein Prinz von Sachsen-Coburg-Saalfeld (seit 1826 Sachsen-Coburg und Gotha) und von 1831 bis 1865 der erste König der Belgier.

(15) Luise

Louise d'Orléans,
vollständiger Name Louise Marie Thérèse Charlotte Isabelle d'Orléans,
* 03. April 1812 in Palermo, Sizilien;
† 11. Oktober 1850 in Ostende, Belgien

Sie war durch Heirat die erste Königin der Belgier.

(16) Lord Aberdeen

George Hamilton-Gordon, 4. Earl of Aberdeen KG, KT, PC
* 28. Januar 1784 in Edinburgh;
† 14. Dezember 1860 in London

Er war ein britischer Staatsmann und von 1852 bis 1855 Premierminister. 1791 bis 1801 führte er den Höflichkeitstitel Lord Haddo. Er führte sein Land in den Krimkrieg. 1830 war er an den Verhandlungen zur Gründung des Königreichs Belgien beteiligt, trat aber vor deren Beendigung im November 1830 mit dem Kabinett Wellington zurück.
Unter der Regierung Peel war Aberdeen ab 1834 zunächst Kriegs- und Kolonialminister, ab 1841 dann Außenminister. In dieser Zeit vertrat er

erheblich liberalere Standpunkte als zuvor. Nach der Aufhebung der Getreidezollgesetze 1846 trat er zurück.

1852 wurde Aberdeen als Nachfolger des zurückgetretenen Derby Premierminister einer Koalitionsregierung aus politischen Konservativen und Liberalen, die anfangs sehr beliebt war, bei der zögerlichen Allianz mit Frankreich und dem Osmanischen Reich in der Misswirtschaft des Krimkrieges allerdings rapide an Popularität verlor.

(17) Professor Salzmann

Christian Gotthilf Salzmann
* 01. Juni 1744 in Sömmerda;
† 31. Oktober 1811 in Schnepfenthal, heute OT von Waltershausen

Er war ein deutscher, evangelischer Pfarrer und Pädagoge. Der Aufklärer gründete 1784 das Philanthropin Schnepfenthal, eine philanthropische Erziehungsanstalt bei Gotha. Er war Mitglied der Freimaurerloge Ernst zum Compaß in Gotha.

(18) Mutter

Marie Louise Victoire von Sachsen-Coburg-Saalfeld
* 17. August 1786 in Coburg;
† 16. März 1861 in Frogmore House, Windsor; im Englischen Mary Louise Victoria, Princess of Saxe-Coburg-Saalfeld, Duchess of Kent; in deutscher Umgangssprache auch Marie Luise Viktoria

Sie war eine Prinzessin von Sachsen-Coburg-Saalfeld und durch Heirat nacheinander Fürstin von Leiningen und Herzogin von Kent. Sie war die Mutter der britischen Königin Victoria.

(19) Tante Julia

Juliane Henriette Ulrike von Sachsen-Coburg-Saalfeld
* 23. September 1781 in Coburg;
† 15. August 1860 in der Elfenau, Bern

Sie war eine Prinzessin von Sachsen-Coburg-Saalfeld und durch Heirat unter dem Namen Anna Fjodorowna russische Großfürstin.

Juliane war eine Tochter des Herzogs Franz Friedrich von Sachsen-Coburg-Saalfeld (1750–1806), aus dessen Ehe mit Auguste (1757–1831), Tochter des Grafen Heinrich XXIV. Reuß zu Ebersdorf. Ihr Bruder Leopold wurde 1831 König der Belgier und über ihre Schwester Victoria war sie eine Tante der britischen Königin Victoria. Ihr Bruder Ernst folgte 1806 dem Vater als Herzog von Sachsen-Coburg-Saalfeld.

(20) Mama M.

Marie von Württemberg
Der vollständiger Name ist Prinzessin Antoinette Friederike Auguste Marie Anna von Württemberg;
* 17. September 1799 in Coburg;
† 24. September 1860 in Gotha

Sie war durch Heirat eine Herzogin von Sachsen-Coburg und Gotha. Am 23. Dezember 1832 heiratete Marie ihren 15 Jahre älteren Onkel Herzog Ernst I. von Sachsen-Coburg und Gotha. Die Feier fand im Audienzsaal von Schloss Ehrenburg statt. Die Hochzeit hatte die 1831 verstorbene Großmutter Herzogin Auguste arrangiert und mit Beharrlichkeit nach mehrjähriger Verhandlung zustande gebracht. Nach der Heirat war Marie nicht nur Cousine sondern auch Stiefmutter der Söhne ihres Mannes aus der ersten Ehe mit der Herzogin Luise, den Prinzen Ernst und Albert.

(21) Feodore

Feodora, Prinzessin von Leiningen, genannt Feodora
* 07. Dezember 1807;
† 23. September 1872

Sie ist Queen Victoria Halbschwester. Tochter der Herzogin von Kent (1786-1861) von ihrer ersten Ehe mit Charles, Prinz von Leiningen (1763-1814).

Feodore war zwölf Jahre älter als ihre Halbschwester, Königin Victoria. Sie wuchsen zusammen im Kensington Palace auf.

Sie war vom 07. Dezember 1807 bis 1828 Prinzessin von Leiningen und von 1828 – 1872 Prinzessin von Hohenlohe-Langenburg.

Im Jahre 1828 heiratete Feodore Ernst I., Fürst von Hohenlohe-Langenburg (1794-1860). Sie lebte bis zu bis zu ihrem Tod in Deutschlad, hielt aber engen Kontakt zu ihrer Halbschwester.

Peter Köllner / 2014

DER WALD

DER WALD IST MEIN NACHBAR - ER BEGLEITET MICH TÄGLICH VOM AUFSTEHEN BIS ZUM SCHLAFENGEHEN - ER IST IMMER PARAT.

DER WALD IST UNSER MEER - SEINE GRÜNEN WIPFEL SCHAUKELN BEI WIND WIE DIE WELLEN DES OZEANS.

ER SCHÜTZT UNSER UMFELD - STRAHLT RUHE AUS, GIBT UNS ERHOHLUNG UND REGENERATION.

ER IST OFFEN FÜR JEDEN - BEREITET SEINE ARME AUS, FORDERT DICH AUF – IHN ZU BESUCHEN.

BESUCHE IHN - WENN AUCH NUR FÜR EINE STUNDE, DIE DU MIT DEINEM SPAZIERGANG MIT IHM TEILST.

DU NIMMST SEINE ENERGIE AUF - LÄSST DEINEN GEDANKEN FREI-EN LAUF, DIE IN DEN WIPFELN DER BÄUME VERSCHWINDEN.

MENSCH TRÄUME NUN FORTAN VON JUGEND-STREICHEN - VON BEEREN SAMMELN, VON SCHULAUSFLÜGEN, VOM ERSTEN LIEBES-ERLEBNIS UND MEHR.
ER BEREITET DIR EIN BREITES SPEKTRUM VON ERINNERUNGEN.
BEIM VERLASSEN DES WALDES VERBLASSEN DEINE ERLEBNISSE, MEHR UND MEHR - DIE SCHÜTZENDE HÜLLE VON POSITIVER ENER- GIE WIRD IMMER DÜNNER JE NÄHER DU DICH DEM GETÜMMEL DER STADT NÄHERST-

DU WIRST ERSOGEN UND GEHST IN DER GROSSEN MASSE UNTER - DU BIST NICHT MEHR DU - DESHALB SCHWIMME AB UND ZU GEGEN DEN STROM ÜND TAUCHE IN DAS GRÜN DES WALDES EIN,

UM WIEDER DUUU ZU SEIN !!!!!

Walter von F'roda

Die Jagd

Frei übertragen und erzählt nach den Tagebüchern von Queen Victoria, betreffend ihrer Reise mit Prinz Albert in seine Heimat im August 1845.

Schon früh am Morgen des 30. August (1845), noch ehe alle, wie gestern auch bereits, mit Großmama (1) frühstücken wollten, stand ich (2) auf, um die Zeit fürs Schreiben zu nutzen. Das hatte sich für mich im Laufe der Jahre als sehr nützlich erwiesen. Seit meinem 13. Lebensjahr schreibe ich jeden Tag in meinem Tagebuch.
So gegen 09:30 Uhr machten wir uns auf den Weg zu einem bestimmt zauberhaften Ausflug. Währenddessen würde es wohl eher schwierig, wenn nicht sogar unmöglich sein, um meine Aufzeichnungen mit der nötigen Sorgfalt zu machen.

Es war ein wirklich schöner Tag, mit einem strahlend blauen Himmel. Es schien heute sehr warm zu werden. Alexandrine (3) fuhr zusammen mit uns. Uns folgte Onkel Leopold (4) mit Luise (5) und all den anderen. Das waren alle Prinzessinnen der Familie, einschließlich des Prinzen F. Hohenlohe-Waldenburg (6) mit seinem Schwager Clodwig (7) sowie natürlich unser gesamtes Gefolge. Wir fuhren nach Reinhardsbrunn, in das ich mich gleich beim ersten Besuch verliebt hatte. Es sah schöner und herrlicher denn je hier aus.

Blick auf Reinhardsbrunn, Zeichnung um 1850

Das Schloss Reinhardsbrunn, Stich um 1840

Nach unserer Ankunft ging ich erst einmal kurz ins Gebäude.

Als es weiterging, wechselte ich zuvor in den Wagen mit Onkel Leopold, Luise und Alexandrine. Albert (8) und mehrere der Prinzen setzten die Tour hoch zu Ross fort.

Die Kleinstadt Friedrichroda, Karte um 1845

Wir fuhren durch Friedrichroda hindurch in Richtung Schmalkalden. Auf dem Kamm zweigte ein hervorragend, neu ausgebauter Weg ab. Dieser führte uns durch den herrlichen Wald mit einem wunderbaren Blick über die felsige Landschaft bis hinab in die Weite der Ebenen. Der Wald mit seinen riesigen Weißtannen und Fichten wirkte auf mich anfänglich bedrückend, doch ganz plötzlich eröffnete sich uns der Blick in eines der wohl grünsten und schönsten Täler des Landes. So gelangten wir zum Jagdhaus, das der liebe Papa im Stil einer Schweizer Hütte, in der allerschönsten Lage, hatte erbauen lassen.

die Jägersruhe mit Schießhaus, Karte um 1845 // heute »Tanzbuche"

Es hatte mehrere kleine Schlafzimmer und zwei »Salons", im Erd- und Obergeschoss. Überall sind Hirschköpfe zu sehen. Viele davon hat der liebe Papa selbst erlegt. Wie sehr hätte es ihm wohl gefallen, uns dieses hier alles selbst zeigen zu können! (A1)

A1
Der Vater des britischen Prinzgemahls Albert, Ernst I. war preußischer General. Ernst I. Anton Carl Ludwig von Sachsen-Coburg-Gotha (* 2. Januar 1784 in Coburg; † 29. Januar 1844 in Gotha) war ab 1806 Herzog von Sachsen-Coburg-Saalfeld.

Als erster Herzog des neu geschaffenen Doppelherzogtums Sachsen-Coburg und Gotha war er 1826 Begründer des gleichnamigen Fürstenhauses.

Wir aßen hier zu Mittag und teilten uns so gut es ging in die beiden Zimmer. Dabei mussten einige mit draußen vorliebnehmen. Gegen 13:00 Uhr setzten wir dann unsere Fahrt auf der neuen Straße, die durch den schönsten Abschnitt des Waldes führte, fort. Sie war innerhalb von nur zwei Tagen von der hiesigen Bevölkerung neu angelegt worden.
Nach etwa einer halben Stunde erreichten wir dann den Ort (der Weißenberg – Anm. / Quelle Hasert-Chronik), an welchem die 1. Jagd stattfinden sollte. Viele "Landjägermeister" und all die Förster waren in ihrer vollen Montur anwesend. Viele Menschen waren auf der Suche nach den Tieren und sollten sie herbei treiben.
Der ganze Bereich war mittels einer Leinenbahn abgegrenzt. In der Mitte des Areals stand ein schöner Pavillon. Alles war mit Tannenzweigen bedeckt und mit Blumenkränzen und grün geschmückt. Wir nahmen unsere Plätze in dem Pavillon ein. Einige gingen nach draußen. Dann wurden die Vorhänge heruntergelassen.

Jagdszene der geschilderten Jagd, Zeichnung 1845

Die Förster gaben eigenartige Schreie von sich. Daraufhin wurde eine Reihe von Hirschen und Hirschkühen in den abgegrenzten Bereich eingetrieben. Eine Weile schauten sich das die Prinzen und Gentleman an. Daraufhin gingen sie in Position zum Abschuss.

Wir sahen viele Hirsche, aber auch Rotwild. Onkel Leopold schaffte es, einen der größten davon, mit nur einem Schuss zu töten. Ich kann nicht behaupten, dass diese Art von Sport nach meinem Geschmack ist. Vielmehr scheint mir, dass dieses kaum ein echter Sport ist.

Etwa bei viertel vor 16:00 Uhr war dann alles vorüber. Wir gingen dann etwas beiseite, um das Ergebnis des Sports zu sehen. Die erlegten Tiere wurden hierzu auf den Boden gelegt. Insgesamt waren es 55 Tiere, davon allein 31 Hirsche. Diese sind hier von besserer Statur und wesentlich größer, als in Schottland.

Die Haltung der Tiere geschah noch ganz im alten Stil. Vielmehr scheint es mir, dass diese Art zu jagen wohl eher einer Abschlachtung der Tiere, als einer sportlichen Jagd entspricht. Wir fuhren nach Jagdende ganz dicht entlang des höchsten Berges des Bezirkes, des Inselsberges, und sahen dabei viele reizende, bewaldete Täler mit einem herrlichen Blick auf das wunderschöne Land.

Blick auf den Inselsberg, Zeichnung Mitte des 19. Jahrhunderts

Ich glaube, dass es wohl sehr ähnlich ist zur Schweiz und Tirol. Aus großer Höhe ging es dann allmählich hinab in das mir vertraute Reinhardsbrunn. Hier pausierten wir und ruhten ein wenig, bis dann alle beisammen waren. Danach machten wir uns auf den Heimweg nach Gotha. Das war für mich ein wunderschöner Tag und der Abend versprach köstlich zu werden.

PS: Auch dieser Teil der Darstellung des Besuches des königlichen Paares in der ehemaligen Heimat von Prinz Albert entstand in den Stunden des Wartens auf meinen Heimflug nach eigenen Notizen, die bei meinen Besuchen in London entstanden sind. Daheim stellte ich weitere Recherchen dazu an, um diesen fast vergessenen geschichtlichen Aspekt wieder bekannt zu machen.

Wer ist wer? - Register

(1) Großmutter von Prinz Albert

Karoline Amalie
* 11. Juli 1771 in Hanau;
† 22. Februar 1848 in Gotha

Karoline Amalie wurde als Prinzessin von Hessen-Kassel geboren. Ihr Vater war der Landgraf und spätere Kurfürst Wilhelm IX./I., ihre Mutter war Prinzessin Wilhelmine Karoline von Dänemark und Norwegen, Tochter des Königs Friedrich V.
Sie war als Gemahlin Herzog Augusts Herzogin von Sachsen-Gotha-Altenburg und genoss insbesondere aufgrund ihres wohltätigen Wirkens große Achtung.
Prinz Albert (Sohn von Karoline Amalies Stieftochter Luise) war zeitle-

bens der Lieblingsenkel der Herzoginwitwe. Von 1822 bis 1835 hatte er mit seinem Bruder Ernst alljährlich mehrere Wochen in der Obhut Karoline Amalies im Winterpalais verbracht. Bis zu ihrem Tode stand er mit ihr in regem Briefwechsel, wobei er sie stets mit »Geliebte Großmama« anredete und seine Briefe mit »Dein treuer Enkel Albert« zeichnete.

(2) Queen Victoria

richtig auch Alexandrina Victoria;
* 24. Mai 1819 im Kensington Palace, London;
† 22. Januar 1901 in Osborne House, Isle of Wight

Sie war von 1837 bis 1901 Königin des Vereinigten Königreichs Großbritannien und Irland.

Ab dem 1. Januar 1877 als trug sie als erste britische Monarchin den Titel "Empress of India (Kaiserin von Indien)".

Sie war die Tochter von Edward Augustus, Duke of Kent and Strathearn, und Victoire von Sachsen-Coburg-Saalfeld und ist sowohl Ururgroßmutter der jetzigen britischen Königin Elisabeth II. als auch von deren Prinzgemahl Prinz Philip.

Mit ihrer Thronbesteigung endete aufgrund des im Königreich Hannover geltenden Salischen Gesetzes, das Frauen von der Thronfolge ausschließt, die Personalunion zwischen Großbritannien und Hannover. Victorias Tod beendete die Herrschaft des Hauses Hannover auf dem britischen Thron; mit ihrem Sohn, König Eduard VII. begann die Herrschaft des Hauses Sachsen-Coburg und Gotha.

Als konstitutionelle Monarchin war sie pro forma Herrscherin über mehr als ein Fünftel der Erde und ein Drittel der Weltbevölkerung.

Während ihrer Regierungszeit erlebten die Ober- und Mittelschichten Großbritanniens eine beispiellose wirtschaftliche Blütezeit, und das Britische Weltreich stand auf dem Höhepunkt seiner Macht. Prägend für ihre Regentschaft waren der Einfluss ihres Cousins und Ehemannes Prinz Albert von Sachsen-Coburg und Gotha und ihr fast völliger Rückzug aus der Öffentlichkeit nach dessen Tod 1861. Sie handhabte die konstitutionelle Monarchie sehr eigenwillig und selbstbewusst, obwohl sie bereits bei der Parlamentseröffnung die vorgeschriebene Rede des jeweiligen Premierministers verlesen musste – ein »Staatstheater", bei dem sie sich zumeist vom Lordkanzler vertreten ließ. Victoria regierte 63 Jahre und sieben Monate, länger als jeder andere britische Monarch vor ihr. Am

9. September 2015 wurde sie durch Elisabeth II. überholt. Durch ihre zahlreichen Nachkommen erhielt sie auch den Beinamen »Großmutter Europas". Sie wurde aufgrund ihrer langen Regentschaft Namensgeberin für das Viktorianische Zeitalter.

(3) Alexandrine

Alexandrine von Baden, mit vollem Namen Alexandrine Luise Amalie Friederike Elisabeth Sophie
* 6. Dezember 1820 in Karlsruhe;
† 20. Dezember 1904 auf Schloss Callenberg,

Sie war durch Heirat Landesherrin im Herzogtum Sachsen-Coburg-Gotha und Schwägern Queen Victorias.

Alexandrine wurde als älteste Tochter des Erbprinzen und späteren Großherzogs Leopold von Baden aus der morganatischen Linie des Hauses Baden und Prinzessin Sophie Wilhelmine von Holstein-Gottorp, Tochter des schwedischen Königs Gustav IV. Adolf, geboren.

(4) Onkel Leopold

Leopold I. Georg Christian Friedrich von Belgien
* 16. Dezember 1790 auf Schloss Ehrenburg in Coburg;
† 10. Dezember 1865 in Laeken

Er war ein Prinz von Sachsen-Coburg-Saalfeld (seit 1826 Sachsen-Coburg und Gotha) und von 1831 bis 1865 der erste König der Belgier.

(5) Luise

Louise d'Orléans,
vollständiger Name Louise Marie Thérèse Charlotte Isabelle d'Orléans,
* 3. April 1812 in Palermo, Sizilien;
† 11. Oktober 1850 in Ostende, Belgien

Sie war durch Heirat die erste Königin der Belgier.

(6) Prinz F. Hohenlohe-Waldenburg

Friedrich Karl I. Joseph, Fürst zu Hohenlohe-Waldenburg-Schillingsfürst
* 5. Mai 1814 in Stuttgart;
† 26. Dezember 1884 in Kupferzell)

war ein Mitglied des Hauses Hohenlohe. Bis 1839 trug er den Titel Erbprinz und von 1839 bis 1884 den Titel Fürst.

(7) Schwager Clodwig

Chlodwig Carl Viktor Fürst zu Hohenlohe-Schillingsfürst, Prinz von Ratibor und von Corvey

* 31. März 1819 in Rotenburg an der Fulda;
† 6. Juli 1901 in Bad Ragaz in der Schweiz

Er war ein deutscher Staatsmann. Zwischen 1866 und 1870 war er bayerischer Ministerpräsident und von 1894 bis 1900 war er Reichskanzler des Deutschen Kaiserreiches und preußischer Ministerpräsident.

---

(8) Albert von Sachsen-Coburg und Gotha

Prinz Franz Albrecht August Karl Emanuel von Sachsen-Coburg und
Gotha, Herzog zu Sachsen, genannt Albert,

* 26. August 1819 auf Schloss Rosenau bei Coburg, Deutschland;
† 14. Dezember 1861 auf Schloss Windsor, Berkshire, England

Er war Ehemann Königin Victorias von Großbritannien und Irland und
seit 1857 britischer Prinzgemahl (engl. Prince Consort).
Sein älterer Bruder war Ernst II., regierender Herzog im deutschen
Doppelherzogtum Sachsen-Coburg und Gotha.

Peter Köllner / 2015

ZEITENWANDEL - Der Brief

Ein Brief, den ich dir schreibe
in unserer elektronischen Zeit.

Ein Brief, den ich dir schreibe,
für dich - mit eigener Hand.

Ein Brief mit meinen Gedanken
nur für dich aufs Papier,

schicke ihn los - mit Marke drauf
nimmt 2-3 Tage seinen Lauf.

Du hältst ihn dann in deiner Hand,
liest meine Zeilen ganz gespannt.

Gedanklich stehe ich vor dir.
Sage es - als wär's von mir.

Keine Mail und keine SMS,
kann mit dir dem Brief, sich messen.
Tote Texte kannst Du echt vergessen!

PS: Schreib doch mal einen Brief - falls Du's noch kannst.
Versuchs doch mal – und schicke deine Gedanken
auf die Papierlaufbahn.

Walter von F'roda / 2015

Im Vorfeld hat Herr Paasche einen Brief an das englische Königshaus gerichtet, in der Hoffnung, Unterstützung im Kampf um den Erhalt von Schloss Reinhardsbrunn zu erhalten. Näheres hierzu finden sie auf dem Account "Portiunculam de paradiso" unserer Community auf FB.

Der folgende Text beruht weder auf einer autobiographischen, noch biographischen Geschichte und ist eine rein fiktive Geschichte des Autors Andreas Paasche. (A. d. Hrsg.)

Ein Brief aus Thüringen

Prinz Philo war schon erstaunt, als er den Brief aus Thüringen, der Mitte Deutschlands, in den Händen hielt. Zwar hatte sein Freund John Abi Hippo auf das verfallene Schloss Reinhardsbrunn aufmerksam gemacht, aber jetzt hielt er konkret einen Hilferuf in den Händen. Mitglieder eines Schlossvereins schilderten mit drastischen Worten den Untergang dieses Schlosses in Thüringen. Dass er in seinem hohen Alter noch ein- mal von diesem Schloss hörte, überraschte ihn sehr. Seine Erinnerungen schweiften zurück in die Vergangenheit und zwar in die Zeit Mitte 1945.

Er war ein junger Offizier der britischen Armee und gehörte zu einer Sondereinheit. In geheimer Mission sollten sie Gegenstände finden, die für den weiteren Verlauf der Geschichte von Bedeutung sein könnten. Der amerikanische Geheimdienst hatte eine Nachricht abgefangen, die von einer geplanten Kaiserkrönung berichtet. Der Hochadel Deutschlands plante die Wiederherstellung der Monarchie in Deutschland. Es sollte eine Monarchie nach englischem Vorbild werden. Ein deutsches Empire sollte aus den Trümmern der Nazidiktatur entstehen. Der deutsche Hochadel machte sich keine Illusionen mehr.

Nach der anfänglichen Begeisterung in weiten Kreisen des Adels war man sich der Tragik des totalen Untergangs bewusst. Das missglückte Hitlerattentat in der Nähe von Rastenberg machte es deutlich, dass nur eine Führungspersönlichkeit mit Legitimation weite Teile des Militärs auf die Seite des Widerstandes ziehen kann. Ja, und mutigen Gegnern des Hitlerregimes war es gelungen die Kroninsignien nach Deutschland zu bringen. Somit war die Krönung eines deutschen Kaisers möglich. Der Kaiserkult stand vor seiner Wiederauferstehung. Führende Militärs hatten auf den Kaiser geschworen noch bevor der Führereid verbindlich war. Der Eid auf den Kaiser hätte den Führereid relativiert und außer Kraft gesetzt. Nein, so etwas durfte nicht passieren. Es darf nur ein Empire geben und zwar das britische Empire. Ein Ziel Großbritanniens war es nach dem Ersten Weltkrieg, das deutsche Kaiserreich ein für alle Mal zu Fall zu bringen. Deshalb war er damals im Schloss Reinhardsbrunn, um die dort versteckten Kroninsignien zu finden und verschwinden zu lassen. Mit Alliierten durchsuchten sie sämtliche Winkel dieses märchenhaften Schlosses.

Zu spät ... jemand war ihnen zuvorgekommen. Über eine Woche stellte der Suchtrupp das Schloss auf den Kopf. Nun gut, sollen die Russen Thüringen haben. Das, was wichtig gewesen wäre, war für immer weg. Noch während er in der Erinnerung schwelgte, kam ihm der Gedanke, dass vielleicht doch in diesem Schloss etwas versteckt ist. Die versteckten Kroninsignien im Schloss Reinhardsbrunn hätten vielleicht den Lauf der Geschichte verändert. Ach ihr Schlossfreunde von Reinhardsbrunn, ihr habt meine Sympathie, wenn ihr wüsstet, für welches geheimnisvolles Schloss ihr kämpft.

Noch in diesen Gedanken gefangen, legte er den Brief beiseite. Seine Gattin wartete bereits auf ihn und er als Prinzgemahl wollte seine Königin nicht warten lassen. Am nächsten Tag sollten die Schlossfreunde aus Thüringen eine Antwort erhalten. Ja, dieses Schloss durfte nicht untergehen.

Andreas Paasche

Das Schloss –
Machen wir doch endlich Schluss

Machen wir doch endlich Schluss,
dass die Tür zum Schloss
hinter der Story vom Schloss
endgültig ins Schloss fallen muss!
Die Gründer der Reinhardsbrunner Region
Schafften für uns die bleibenden Werte,
und wir sind verpflichtet, Ihr spürt es schon,
die zu erhalten mit aller Härte!
Wir dürfen nicht und niemals vergessen,
seien sie nun aus England oder Hessen,
ob Immobilien-Makler, ob Lügenbarone,
sie handeln und misshandeln völlig ohne
das Schloss, dessen Dasein hat eine Geschichte,
die die hier Ansässigen ständig verpflichte
zu kämpfen für den Standort von Schloss und Park
- dafür müssen wir streiten, machen uns stark!
Gilt zu klären, wie man weiteren Frevel verhindert,
der die Chancen der Restaurierung mindert,
den derzeitigen Besitzer aus der Anonymität,
sonst heißt es eines schlechten Tages:
alles zu spät!

Dr. R. Scharff / 22.03.09, 11.30 Uhr,

nach Sonntagsspaziergang in eisiger Luft, respektvoll vor dem Drahtzaun
geblieben – diesen Zustand kann und darf man nicht lieben und auch nicht dulden,
sonst werden wir alle – den Niedergang mit verschulden!

Aus den Klostermauern Reinhardsbrunns
hört man es stöhnen: „Rettet uns!"

Die Gewölbe, sie ächzen, finden keine Ruh,
sie werden geplagt von dem bösen Traum,
dass das Schloss, das sie tragen für immer zu,
auf ewig entwürdigt ein würdiger Raum.
Die alten Mauern, sie atmen noch immer
den heißen Odem der Ludowinger,
ein Vermächtnis sie tragen,
was für sie noch viel schlimmer:
Elisabeth immer in Ehrfurcht zu denken,
deren Leben von Nächstenliebe geprägt,
ihrem Ludwig hier ewige Ruhe zu schenken,
hier hat sie ihn einst zu Grabe gelegt.
Der Landgraf hat einst dazu beigetragen,
dass entwickelt wurde unsre Region.
Die Gründung des Klosters hat viele Fragen
des Fortschritts gefördert, nicht nur Religion.
Wir alle sind heute aufgerufen,
dieser großen Geschichte von Reinhardsbrunn
und derer, die das Schloss erschufen,
durch den Kampf um Erhalt unser Bestes zu tun.
Wenn wir heute hier romantisierend träumen,
gilt es, weiter die Fäden zu weben,
zu denen, die unser Land verwalten,
dass wir alle dem Schloss eine Zukunft geben!

Dr. R. Scharff / 07.08.2013 Ahrenshoop

Der Weber

»Sehen Sie, das ist der Mann, der den Liebesfaden spinnt. Eigentlich ist er gelernter Weber.«

»Wie bitte?« Ich konnte kaum glauben, welchen Einblick ich durch diese beschlagene Fensterscheibe in eben jener Nacht bekam, welche mit glasklarer Luft meine Hdfhvcände rot und blau und rissig werden ließ. Und der Innenhof hallte nur so von meiner ausgeatmeten Luft.

»Erstaunt sie das wirklich? Haben sie sich nie gefragt, wie das mit der Liebe in uns Menschen funktioniert?«

»Ja das schon.« Aber hier, hinter Schlossmauernsandgestein und zwischen zugewucherten Wegen, die ganz sicher niemand in Jahren vor uns betreten hatte, war es befremdlich für mich, dass hier die Antwort liegen sollte. Befremdlich, dass ausgerechnet hier der Ort sein sollte. Der Ort. »Und das ist der Faden dazu?«

»Genau, das ist der Zündfaden. Wir zünden ihn an, wenn die Liebe entflammt. Und er brennt. Liebe brennt, sie wärmt. Es kann passieren, dass man das Gefühl hat zu verbrennen, aber in jedem Fall brennt sie sich am Faden entlang.«

Meine Gedanken zogen ihre Bahnen, sie flogen durch die Luft von Mauerecke in Mauerecke so faszinierend waren die Erklärungen. Meine Finger fuhren über die Splitter des Holzes, die sich vom Fensterrahmen lösten, gelbe Splitter - darunter grüner Lack. Darunter noch ein paar ältere Schichten. Angestrengt versuchte ich wieder einen Gedanken einzufangen.

»Sie meinen also, so ähnlich wie eine Wunderkerze?« Ich dachte an die hellen Lichter jedes Jahr Silvester n unserer Straße.

»Nicht ganz so spektakulär. Für den einzelnen schon, aber generell eher leise.»

Leise erschien mir ein merkwürdiges Wort, um Liebe zu beschreiben.

»Verstehe ich sie richtig, der Faden brennt, bis die Beziehung endet?«

»Nein eben nicht! Bis der Faden endet. Die Liebe verbraucht sich.«

Die Hand des Alten, der das Spinnrad antrieb verrichtete unermüdlich ihr Werk. Seit der ganzen Zeit, die ich ihn nun schon ansah, hatte er nichts anderes als seine Finger bewegt. Mein Blick fiel auf den Bastkorb mit hunderten sorgsam gesponnenen Fäden. Ein Schauer überfiel meinen Rücken: »sie sind ja unterschiedlich lang!«

»Ja, er teilt sie zu. Erst spinnt er sie, dann lagert er sie ein, später teilt er sie zu. Und bevor sie weiterfragen, es funktioniert nach dem Zufallsprinzip.«

»Das heißt, die Einen können mehr lieben als die Anderen?«

»Sie sollten es nicht so negativ betrachten. Wir befinden uns am schönsten Ort der Welt und reden über die wunderbarste Sache, die man sich vorstellen mag. Jeder Mensch bekommt von ihm den Faden als Geschenk, nutzen muss man ihn selbst. Für eine lange Liebe, oder für zehn Kurze, es gibt keine Vorgaben.«

Beide starrten wir wieder auf den Alten am Spinnrad.

Ich konnte nicht glauben, was hier fernab der Welt im Verborgenen geschah. Noch weniger konnte ich begreifen, dass ich mit diesem Erkenntnisgewinn mehr wusste, als viel andere wissen konnten. Wissen durfte. Ich hatte das Wissen begehrt, ich war mir nur nicht sicher, ob es mein Leben wirklich reicher machen würde, diese Dinge zu wissen. Aber ich konnte nicht anders, als der Sache weiter auf den Grund zu gehen.

»Woher soll man wissen wie lang der Faden ist?«

»Man weiß es nicht. Man macht das Beste aus seinen Umständen. Sie kennen das doch?«

Er konnte nicht erwarten, dass ich bereit war ihm recht zu geben. Als ich meine Augen kurz vom Spinnrad abwandte, konnte ich sehen, wie der Mond Bilder auf die abbröckelnden Stufen malte. Immer wieder ging der Satz durch meinen Kopf: Die Liebe verbraucht sich.

Ich wollte mehr wissen: »Aber wenn jemand nun einen sehr kurzen Faden hat und seine ganze Liebe verbraucht ist, ist es nicht trostlos, wenn er es weitersucht, immer in der Hoffnung wieder zu lieben?«

Mein Gegenüber rieb sich das Kinn. Ich hatte das Gefühl, er wollte nicht sagen was er wusste. Er trat von einem Fuß auf den anderen. Während der Alte am Spinnrad gerade eine neue Spule aufsteckte.

»Es gibt so ein Gerücht.« Seine Stimme wurde noch leiser als sie es ohnehin schon war und er beugte seinen Körper kaum merklich etwas zum

Erdboden hinab.

Jetzt war ich wieder hellwach. Denn gerade die Zögerlichkeit seiner Aussage ließ mich aufmerken.

»Ja Gerücht eben... ein Gerücht, dass besagt, mancher hat es wohl schon selbst versucht.«

»Selbst versucht?«

»Ganz leise - am Faden anzuknüpfen«

Glaudia Paal

Friedrichrodaer Spezialitäten

Finden wir sie in unseren Läden?
Versuchen wir anzutragen den Gästen
Souvenirs, die ganz typisch für unsre Region
Ganz sicher würden schwärmen
auch die aus dem Westen
Von Buschmanns Harmonica mit besonderem Ton.
Schloss Reinhardsbrunn aus Marienglas,
ein originelles Imitat,
Schacko mit seinen Klößen wär auch ein Spaß,
den nur Friedrichroda hat.
Spenglersborn – Gemeinde aus Pappmachee,
den Gottlob in einem Gestöber aus Schnee,
die Schauenburg bunt, als Flachrelief,
das Heimatmuseum würde zum Treff
der Initiatoren-Gedankenschmiede,
der Stadtladen steigert die Promotion,
Finsterbergen und Ernstroda tragen solide
Ihre Eigenheiten bei, wir kennen sie schon:
Das Trachtenpaar, coloriert attraktiv,
der Hainfelsen wäre ein andres Motiv.
Da gibt es die Schnitzkünstler der engen Region,
die gern Workshops gestalten, wie andre in Ton.
Den Gedanken begleitend helfen alle Vereine,
Gäste noch mehr zu begeistern,
auch für das Kleine –
Ein kleines Souvenir,
andre mögen es Kitsch nennen–
Ist der Leim, der oft bindet, wie das Bettenrennen.
Auch die Ludowinger in starken Gestalten,
Sankt Elisabeth im Mantel mit Falten.
Die Trinkpavillons in niedlicher Größe,

die Spießbergbobbahn in vollem Getöse.
Es gibt sicherlich außerdem viele Andenken,
denen Gäste Friedrichrodas
Aufmerksamkeit schenken.
Wir sollten nur prüfen,
was wir sonst noch könnten tun –
Auf keinen Fall ist es Zeit um auszuruhn.
Packen wir's an, machen alle mit!
Wir sind schon auf dem Weg,
mit dem richtigen Schritt.

Dr. R. Scharff / 28.12.2009;
z.Zt. ist das Fest zwischen den Jahren aktuell

Der Mann aus Wahlwinkel

Immer wenn ich morgens zur FH fuhr, musste ich an diesem Haus vorbei. Von Schnepfenthal kommend, hinter der Waldbahn einmal rechts abbiegend Richtung Gotha. Da war dieses Haus, bei dem man dachte, im vorigen Jahrhundert war es von einem Riesen mit viel zu kleiner Hand in den Erdboden gestampft und an die übrigen Häuser geheftet. So als Reihenmittelhaus, nur dass das Wort es nicht trifft, denn das klingt wiederrum viel zu modern für dieses Etwas mit dem schwarzen Schieferstein. Der kleine Schiefer (es gibt zwei verschiedene Größen), wie so viele in der Gegend. Zu kleine Fenster, die kein Licht in das Haus lassen wollten, und eine nicht mehr richtig weiße Gardine mit Blumenmuster. Ich weiß nicht, wann hat es angefangen, dass ich zu dieser Gardine hochguckte?

Eigentlich ist man an dieser Stelle noch mit dem Abbiegevorgang beschäftigt. Man guckt nicht auf Fenster, auf Blümchenmustergardinen, und überlegt, ob die gerissene Scheibe, die im Fensterrahmen eingeklemmt ist, zu gewölbt ist zum Herausgucken. Üblicherweise sollte man beim Autofahren nicht über diese von Spinnenweben umstrickten Fensterrahmen nachdenken und darüber, dass die viel zu kleinen und viel zu wenigen Fenster so aussehen, als könne man sie gar nicht öffnen.

Aber irgendwann hat es wohl begonnen mit dieser Sache. Irgendwann habe ich dem Straßenverkehr nicht mehr diese Aufmerksamkeit gezollt - zum Fenster hochgeschaut und dabei IHN entdeckt. Achtzig oder Neunzig? Oder gar Hundert? Wie alt kann so ein Alter sein? Wer weiß das schon ...
Dafür weiß ich genau wie er aussieht. Die Falten, die die Stirn furchen, die rastlosen Augen, die beharrlich die Straße hinauf und hinunter tasten und jedem Auto in Sekundenbruchteilen folgen (hier fährt nun niemand die vorgeschriebenen Dreißig). Er trägt lockiges Haar - natürlich Grau. Zumindest vorne. Von hinten habe ich ihn nie gesehen.

Weiter ohne Zeitaufschub nach Gotha, zu den Paragrafen. Gesetzestexte schleppen. Bücher mit Textmarkern anstreichen. Tabletts aufklappen und Netbooks tippen hören. Kaffee aus Thermobechern und Flyer für das nächste Studentenparty-Megagroßevent. In eine Welt, in der Hände über Monitore wischen und keine Handwerkerfinger mehr unter uns sind.

Ob er Handwerkerhände hat?

Mann aus Wahlwinkel, die Hautdetails eines gelebten Lebens. In Schildkrötenlederhaut gefurcht. Das habe ich ja alles nicht beim ersten Mal gesehen! Ab diesem Tag, an dem ich mich nicht mehr erinnern kann, habe ich zuverlässig, jeden Morgen um halb acht beim Vorbeifahren, in eben diesen gleichen Sekundenbruchteilen hochgesehen. Und jeden Morgen mehr Details des Alten aufgeschnappt. Und jedes Mal hat er mich angesehen, als könne er durch das Autodach direkt auf mich hinunter sehen. Als könne er. Auf mich Ameise.
Kann es denn jemand bereichern, Autos hinterher zugucken? Füllt es Sinnlosigkeit mit Sinn?

Wenn der erste Studienblock ausfiel und ich später fuhr, (so gegen kurz nach neun) war er immer noch da. Er musste sitzen, für stehen wäre er zu groß gewesen um durch die niedrigen Fenster noch etwas zu sehen. Und natürlich zu alt. Zu welcher Zeit auch immer, er saß da, und tat dies stets auf die gleiche Art und Weise. Er ist wie der Brunnen in Wahlwin- kel, der immer sein Wasser gibt, egal zu welcher Zeit man pumpt, wie die Feuerwehr, das Eiscafé und wie die Linde - einfach da. Und jedes Mal aufs Neue tat er mir leid, dafür, dass sein Leben nur aus dem Blumenmuster am Gardinengrau besteht. Was hat er denn vom Leben beim vielleicht letzten Blick auf diese trostlose Straße? Ob er wartet? Ich muss nicht fragen, ob auf die Geliebte oder den Sensenmann. Für ihn sicher ein großer Unterschied, für mich doch aber gar keiner, denn warten ist doch warten.

Und wieder die Straße nach Gotha. Die Brauerei, Netto, die Schranke. Den Automotor ausmachen, auf P schalten. Im Schlosspark füttern Kinder Enten. Davor die jungen Mütter mit ihren Babys beim Kangatraning.

Was würde der Alte zu so etwas sagen? Das kann er gar nicht kennen. Eine Welt, die ihm verschlossen bleibt. Für immer zugeschlossen und hinuntergeschluckt.

Woche um Woche schaue ich hoch. Einmal, als ich es verpasst habe, weil der Straßenverkehr anderes bedingte, habe ich kurz gewendet. Er gehört zu meinem Morgen. Alter aus Wahlwinkel.

Zu gleicher Zeit bekommen im Heliosklinikum drei Frauen ihre Babys. Wird ein neuer Kreisverkehr eingeweiht. Die Baustellenschilder abmontiert. Im Kunstmühlenweg Abwasserohre verlegt. Das Subways umgeräumt. An der Pyramide Richtung Autobahn die Lampe gewechselt. Treffen sich zwei zum Blinddate am frommen Ernst. Und wird die Schildkröte an der Wasserkunst poliert. Während im Café Junghans die Tische gewischt werden. Vielleicht war er da früher schon. Oder später auch noch. Alter aus Wahlwinkel. Mein Gotha ist nicht dein Gotha und dein Gotha ist nicht das Meine.

Ich glaube der Alte ist einsam. Vermute es mal so vor mich hin. Nur er, die vorüberrollenden Autos und die viel zu kleinen Fenster und die schwarzen Schindeln, die er zum Glück nicht sehen muss, aber die seine ganze Situation von außen betrachtet noch mehr in Tristes hüllen.

Ich habe dir die Geschichte erzählt. Du hast mit deinen langsamen Worten und deiner Überbetontheit Folgendes gesagt: »Vielleicht-sollte-man-den-Menschen-auch-einmal-sagen,-dass-man-sie-sieht-und-das- man-sie-wahrnimmt-und-sie-dazugehören.«
Das hast du gesagt.

Dem Alten aus Wahlwinkel sagen, dass man ihn wahrnimmt, ihn mag und braucht, weil er den Morgen prägt? Man vielleicht der Einzige ist, der Letzte noch, der ihn braucht und schätzt für seine Treue und Verlässlichkeit? Für seinen stillschweigenden Morgengruß? Nun soll ich klingeln und sagen, dass er mir etwas (was eigentlich?) bedeutet? Dass er mein Wahlwinkel ist, und wenn er mein Wahlwinkel ist, mein Gotha ist und wer mein Gotha ist, auch mein Schloss ist? Und soll ihm sagen, was mein Schloss ist und von unserer Bank erzählen und die Geschichte vom japanischen Ahorn und fragen, ob er auch schon die Buchstaben an der Mauer gesehen hat und Selbige mit den Fingern gefurcht hat, wenn er doch nur fünf Kilometer weg wohnt - soll ihm alle diese Dinge sagen, diese UNSERE Dinge, (die er gar nicht verstehen kann), um zu sagen, dass er ein Teil von UNS ist?

Und dann frage ich mich, ob er die fünf Kilometer je gegangen ist, gefahren wurde, oder sonst was wurde. Und dann bleibt die Frage, ob diese fünf Kilometer, die ich in fünf Minuten fahren konnte, für ihn eine unüberwindbare Strecke waren? Er gar die Schönheit nie kennenlernte, die meine Heimat und unser UNS prägten? Oder ob er mit unserem UNS ein SEINS verbindet und vielleicht das SEINE eine ganz neue - eigene Geschichte ist? Eine Geschichte, die auf dem Asphalt dieser Straße gespiegelt und von vorbeifahrenden Autos unterbrochen (ja gestört) wird?

Alter aus Wahlwinkel.
Deine Worte hallen: »Man sollte den Menschen auch mal sagen...«. Ich soll ihm sagen, dass es keine Rolle mehr spielt, ob er auf die Geliebte wartet, oder auf den Sensenmann, weil alles Warten zeitlich ist, er aber Teil meiner Heimat ist und damit meiner Liebe und nicht sterben kann, da diese in mir weiterlebt und wenn schon nicht in mir, dann in dir - und selbst wenn der Letzte gegangen, doch im Ausgeatmetsein besteht?

Ich habe nicht geklingelt.

Der Alte aus Wahlwinkel ist nun ein Teil unseres Rennsteigliedes, denn »diesen Weg auf den Höhen bin ich oft gegangen«.
Er darf bleiben. In perpetuum.

Claudia Paal / 2016

Apropos

Was wäre wenn? Wie oft steht die Frage,
wenn man die Vorstellungskraft befragt.
Wir fragen uns Dinge, die nicht treten zutage,
bis ein Gedanke aus dem Nebel ragt.

Wir heften an diesen Gedanken Schilder
mit Namen und Wünschen und vielen Themen.
Die bearbeiten wir, manchmal immer wilder,
der Resultate müssen wir uns nicht schämen.

Große Helfer bei dieser Leistung des Geistes
sind Erfahrung, Phantasie und Kreativität.
Romantische Nächte sind erfolgreich, so heißt es.
Nutzt sie heute, morgen ist es vielleicht schon zu spät.

Romantik als Kunstform gilt genussvoll und verziert.
Als Geisteshaltung sollte man sie mit Vorsicht nutzen,
weil man schnell dazu neigt, dass man Reales verliert.
Also, romantische Bilder gern auch mal stutzen!

Dr. Roland Scharff / 28.06.2015

Freude macht Schmerzen vergessen

Durch einen Sonntagsausflug nach Weimar und die Erinnerung daran, wie ich zur Wendezeit Gehbehinderte zum Schillerhaus gefahren habe, sind mir wieder diese herrlichen Barkas-Fahrten eingefallen.

Unsere erste Fahrt, bei der wir in dem Kleinbus "Barkas" sieben Gehbehinderte des damaligen Gothaer Hochhauses in Stadtmitte mitnahmen, fuhren wir in den nahe liegenden Thüringer Wald. Drei Begebenheiten scheinen mir in diesem Zusammenhang erwähnenswert.

In Winterstein wollte ich den Platz "wo der Hund begraben ist" zeigen. Die Hofeinfahrt hinein, angehalten und gezeigt. Im Hinausfahren murrte die linke Seite, weil sie diese Stelle gar nicht recht hatten sehen können. Ich schmunzelte in mich hinein und sagte, dass sie nur etwas Geduld haben müssten. Kaum draußen drehte ich und fuhr rückwärts wieder in den Hof – etwas schräg, sodass nun die linke Seite alles sehen konnte, ohne sich großartig verbiegen zu müssen.

Am Ende der Fahrt waren wir schließlich auf dem Inselsberg, wo ich einmal hin und nach dem Drehen zurückfuhr, sodass alle die schönen Aussichten genießen konnten. Eine Frau meinte beim Heimfahren, dass sie nichts gesehen habe, weil ihr die Tränen flossen bei dem Gedanken, dass sie tatsächlich noch einmal auf den Inselsberg gekommen war.

Dazwischen waren wir auf den Dreiherrenstein gefahren. Mit dem Barkas konnte ich so dicht an einen hohen Stein fahren, dass ich die Fußbank zum Aussteigen nicht brauchte. Nun lud ich alle zum Kaffeetrinken ein (das sie allerdings selbst bezahlen mussten). Noch auf dem Weg zum Eingang der Gaststätte sah ich geballt die Behinderungen der einzelnen Frauen bis hin zum Gehen auf zwei Krücken und freute mich deshalb besonders, ihnen das Erlebnis "Thüringer Wald" bescheren zu können. Drinnen erläuterte man sich gegenseitig, welche Krankheiten man noch so alles hatte und gerade jetzt ganz schlimm sind, dass man eigentlich nichts essen dürfe oder eben ganz wenig und nicht zu fett. Dann sah ich allerdings, wie Torte UND Schnitzel oder Bockwurst in den Mündern verschwanden und alle es sich so richtig gut gehen ließen. Da konnte ich sie schon allein lassen und ging hinaus.

Kurze Zeit später kam diejenige mit den beiden Krücken hinaus, wollte zur Toilette. Beide Krücken in einer Hand tragend ging sie mit glückli- chem Gesicht und etwas sehr wackelig etwa 10 - 15 Schritte, hielt dann plötzlich an, schaute um sich (ob das eventuell jemand gesehen habe), stützte sich wieder beidseitig auf ihre Krücken und ging weiter.

Sie hatte vor Freude und Glück für einen Augenblick ihre Schmerzen vergessen!

Noch bevor wir abfuhren, ging eine der Frauen zu einem starken Baum- stamm und streichelte ihn mit beiden Händen. Gerührt sah ich, mit wel- cher Liebe sie diesen Baum als Ausdruck eines greifbaren Glücks in ihre Erinnerungen einprägen wollte. Ihre beiden bandagierten offenen Beine spürte sie in diesem Augenblick nicht.

Wieder auf der Fahrt wurde mir deutlich, welch große Bedeutung gera- de diese Fahrten mit dem kleinen Barkas für diese Menschen hatten, wie wenig es mitunter bedarf, ihnen glückliche Stunden zu bescheren und wie froh man sein sollte, wenn man gehen kann.

Uwe Zerbst

LEBENSPHASEN
Dresden, meine Heimatstadt?

In Dresden bin ich geboren, war gerade 5 Monate alt, als der Feuer- sturm alles erglühte, verglühte, verbrannte.

Dresden, aus Ruinen wieder auferstanden und langsam wieder zum Le- ben gefunden. Nach Jahren und Jahrzehnten bist du nun fast wieder das, was du einmal gewesen bist - Elbflorenz.- Nach über 6 Jahrzehnten höre ich deine Stimme, die mich ruft.

Nun komme ich zu dir, weil mein Herz deine Botschaft empfangen hat. Ich stehe am Postplatz, gehe die Wallstraße entlang.

Dort haben wir gewohnt, im Haus Nr.19 - gibt es das noch? Nichts mehr zu sehen, nur brache Flächen, die mit Gras, Sträuchern und anderem Wildwuchs bewachsen sind.

Es ist schwer vorstellbar, dass hier einmal das alltägliche Leben pulsierte, dass mich meine Mutter im Kinderwagen hier spazieren fuhr.

Nun lenke ich meine Schritte zur Hofkirche, in ihr bin ich getauft worden. Ich betrete die Kirche, schaue mich um und stehe plötzlich vor dem Taufstein. Ich schließe die Augen und lasse meine Gedanken 68 Jahre zurückeilen: »Mein Vater hält mich auf seinem Arm, mein Bruder an der Hand meiner Mutter, die weiteren Familienangehörigen … Ich spüre das kalte Wasser über meinen Kopfrinnen, mich fröstelt's"

Ich öffne die Augen … Doch halt. Wo bin ich?

Ich bin im Jahr 2013 und habe 2/3 meines Lebens schon hinter mir! Warum aber nicht bei Dir??!!

Ausgebombt, das nackte Leben gerettet, die Hälfte der Familie verloren, landen wir als Flüchtlinge, als Überlebende in Friedrichroda. Hier wachse ich auf, geprägt von Schule, Beruf und Kultur.

Dresden? Du hast mich nicht sonderlich interessiert - es war halt immer nur dieses Datum, was aufhorchen ließ: geboren am 03.10.1944 in Dresden!

Also Friedrichroda meine Heimatstadt?

1972 - nach 27 Jahren werde ich erneut flüchtig. Ich flüchte aus den Zwängen der Diktatur des Proletariats, obwohl ich selbst ein Prolet bin! Das System lässt mich nur bedingt atmen, ich aber brauche mehr Luft zum Leben!
Im westlichen Teil angekommen, erschlägt es mich fast. Auch das ist Deutschland, aber ganz anders.

Nur die Sprache ist`s, die verbindet!

Ich lebe mich ein, arbeite mich hoch, gründe eine Familie, baue ein Haus, pflanze einen Baum und setze 2 Kinder in die Welt. Ich lebe in der Rheinpfalz, bin Pfälzer geworden!
Speyer, du altehrwürdige Stadt - über 1000 Jahre alt-römisch, salisch, pfälzisch. Dein imposanter Dom, Ruhestätte deutscher Kaiser und Könige, der Rhein, der an dir vorbeizieht-hier lebe ich und fühle mich wohl. Speyer, meine Heimatstadt?
Nach gescheiterter Ehe und Beendigung meines aktiven Berufslebens werde ich erneut flüchtig.

2005 - nach 33 Jahren zieht es mich wieder nach Friedrichroda. Nun komme ich zurück dorthin, wo ich geprägt wurde! Der Wessi ist wieder da! Wessi-Ossi? Ich, ein Wanderer zwischen den Systemen, bin es weder-noch! Ich bin ein Wossi geworden. Einleben brauche ich mich nicht, weil ich eigentlich nie weg war.

Friedrichroda meine Heimatstadt?
Ich glaube - Jaaa!

Und Dresden, du schöne Stadt?? Du bist meine Geburtsstad t- und ich bin stolz darauf!

Walter von F'roda

MUTTER

Plötzlich bist du nicht mehr da,

die Tür – zigtausend Mal von dir verschlossen
- steht auf.

Der Spiegel – täglich an deinen prüfenden Blick gewöhnt bleibt leer.

Deine Schuhe warten auf den täglichen Gang,
deine Kleider hängen im Schrank -
wer soll sie jetzt noch tragen?

Dein Teller, deine Gabel, dein Messer –
sie warten ungenutzt.

Du bist nicht mehr da!

Dein Geist hat die Reise in eine andere Welt angetreten,
du hast uns deine Hülle zurückgelassen -
so wie der Schmetterling,
der die Hülle der Puppe zurücklässt.

Du bist nicht mehr da –
doch lebt ein Teil von dir in mir weiter!

Ich bin dankbar dafür –
denn ohne dich wäre ich nicht!

Walter von F'roda

Grenzen

Ach wenn ich doch ein Vöglein wär –
ich hätte keine Sorgen.

Ich würde fliegen übers Land
und am schönen Tag mich freuen.

Ich ließ mich hier und da mal nieder –
dem Mensch ein fröhlich Lied zu bringen,
um ihn ein wenig zu erfreuen.

Dann würde ich weiter ziehen übers Land –
nach Süden, Osten, oder Westen....

Doch leider bin ich nur ein Mensch,
ein hochbegabtes Wesen
und kann doch nicht dem Vogel gleich –

ich scheitere an den Grenzen!!

W. Dawidowicz / 1970

VORBILDER

Du kommst in viele Städte,
durchschreitest ihre Straßen
und liest an alten Fassaden,
gar manch markanten Namen.

Namen von jenen, von denen.
Man sagte,
sie waren die Größten ihrer Tage –
im Denken und Handeln allen voraus!

Sie prägten vieles, was heute zitiert
und sogar noch wird regiert.

Bemühen tun sich viele redlich,
jeder auf seine Art … versteht sich!

Doch könnten heut die Vielzitierten,
auf diese Welt mal schauen,
ich glaube sie würden fliehen nach dort –
woran der Lebende denkt mit Grauen!

W. Dawidowicz / 1971

LEBEN

Jetzt und heute - lebe es bewusst!
Morgen kann schon alles vorbei sein.

Unser biologisches Ziel ist der Tod.
Deshalb stecke deine Ziele nicht zu weit.

Was Du am Tag erreichen willst,
versuche es zu erreichen
mit den Mitteln, die für Dich verfügbar sind.

Beglücke dich jeden Tag
mit dem Erreichen deiner Ziele.

Denn ... Glück ist das Lebenselixier!

Walter von F'roda / 09.2012

DALMATIEN I - oder: Ankunft

Leben ist auch Beute greifen,
durch die weiten Lande streifen -
einen Ausblick sich erhaschen
und an Himmels Manna naschen.

Wolkenbänke - Platz zum Sitzen,
Sonnenbrennen - Zeit zum Schwitzen;
Gischt und Brandung allerorten,
Strandgefühl gemalt mit Worten.

Inselschwappen in der Ferne,
ab und auf, so seh' ich's gerne -
Wind lockt das Zypressenhaar,
Schattenspender, wunderbar.

In der Flasche Wasserkühle,
Schluck für Schluck bei Mittagsschwüle;
Lage Salz auf meiner Haut -
hab' ins Wasser mich getraut.

Zwar hier sind auch andre Leute,
braun gebrannt die ganze Meute -
Nachbars Blick auf dem Popo,
halt ich's eben ebenso.

Und die Sprache klingt kroatisch,
schwedisch-schweizerisch-dalmatisch -
mit dem Lächeln ist's getan,
wünscht man sich ein Dobre dan.

Und am Abend gibt es Fisch
plattenweise auf den Tisch -
Oktopus ist auch dabei,
Mangold ziert den zarten Hai.

Und die Venus steigt an Land,
weil sie sich hier heimisch fand -
hauch' ihr sachte was ins Ohr,
schmeichelnd schwebt ein Vorhang vor.

DALMATIEN II - oder: Prima-Klima

Mit dem Zeh im lauen Wasser -
stelle fest, es ist noch nasser
als ich es mir ausgemalt.

Inseln recken ihre Hüften,
Schwalben schweben in den Lüften -
wohlig sich die Liebste aalt.

Eingeölt mit Faktor Dreißig,
sorgsam waren wir und fleißig -
helle Haut brennt leicht wie Glut.

Auf der blauen Decke liegen
und sich in den Mittag wiegen -
stelle fest, wie gut das tut.

dann noch etwas Süße scheffeln,
während wir Melone löffeln,
Wasser trinken flaschenweise.

Jauchzen, Plätschern, Bootsmotoren,
Sonnenschein aus allen Rohren -
Möwe zieht still ihre Kreise.

Und der Schweiß, er perlt und rinnt -
ehe wir gebraten sind,
tauchen wir ins volle Bad.

Wellen wirken, was sie sollen -
Kühle schöpf' ich aus dem Vollen,
Zug um Zug ein Lob der Tat.

Dann die spitzen Steinchen spüren,
nass im Wind, doch ohne Frieren -
Eismann ruft sein »Kauft und kommt!".

Diese tiefenschwere Leere
stellt sich einfach ein am Meere,
wo man sich den Buckel sonnt.

15:00

DALMATIEN III - oder: Abgesang

Sitze hier im Palmenschatten,
spür' den wachen Geist ermatten -
Herz schlägt hundert Schläge schneller,
Pizza schmeckt nicht auf dem Teller.

Augen reizt das grelle Licht, l
änger leiden will ich nicht -
rot glüh'n Stirn und Hals und Wange,
vor dem Rückweg ist mir bange.

Luft steht still in allen Gassen,
kaum noch kann ich Atem fassen -
zickig zirpen die Zikaden,
angespornt vom Hitzebaden.

Um die Ecke das Quartier:
unterkühlt bis dass ich frier' -
zwar hier kann ich aus mich strecken,
doch es tönt von allen Ecken.

Badegäste, froh und munter,
lärmen Treppen rauf und runter,
hallen hell durch Haus und Hütte – i
ch lieg' drin in dieser Mitte.

Auf dem Kopf ein Beutel Eis
lindert kaum den Fieberschweiß -
offensichtlich habe ich
mächtig einen Hitzestich.

Inselspaß für vierzehn Tage,
leeres Konto, ohne Frage -
so war alles mal gedacht,
doch was hat's mir eingebracht?

Liege kränklich in der Kammer,
bin geplagt vom Katzenjammer,
und - ihr wisst es längst schon selber -
sehn' mich nach Thüringens Wäldern.

Jürgen Herwig, Kroatien 2014

Flyer 1 (top left)

1. Reinhardsbrunner ...

Im Rahmen des Elisabeth-Tages findet am 24.08.13 eine Poe...
im mittelalterlichen Stil mit Lichterzug durch den Schloss...

Hierzu laden wir recht herzlich e...
Martina Giese-Rothe, Andreas B. Paasche und ...

Beginn: 20.00 Uhr (Eintritt frei) ...

Ort: Informations- und Ausstellungsze...
spiritueller Tourismus, Reinhardsbrunn 05, 998...

Mittelalterliche Kleidung ist gerne ...

Programmhinweise
Gedichte der Lyriker Walter von Voda, Dr. ...
M. Giese-Rothe, A. B. Paasche ...
Trompetenspiel von Andreas Knudle und ...
und vieles mehr

Flyer 2 (top right)

2. Poesienacht
Schloss Reinhardsbrunn
23. August 2014

20.00 Uhr

Ort:
Informations- & Ausstellungszentrum
Spiritueller Tourismus
Reinhardsbrunn / Friedrichroda

... mit Laternen~ & Lichterführung (LED / e-Light)
durch den Schlosspark

Hierzu laden wir recht herzlich ein.
Martina Giese-Rothe; Peter Köllner; Andreas Paasche

Flyer 3 (bottom left)

3. Poesienacht
Schloss Reinha...
22. August 2015

Beginn 20.00 Uhr - Einlass ab ...

Ort:
Informations- & Ausstellungs...
Reinhardsbrunn Nr. 5
Reinhardsbrunn / Friedrich...

ein literarisch - medialer Abend mit musikalis...
im Vorfeld des Elisabethtages ...
... mit anschließender Laternen~ & Lichte...
(LED / e-Light)
durch den Schlosspark

Hierzu laden wir recht herzlich ein:
Martina Giese-Rothe & Peter Köllner sowie Andreas Pa...

Flyer 4 (bottom right)

4. Poesienacht
Schloss Reinhardsbrunn

27. August 2016
Beginn 20.00 Uhr - Einlass ab ca.19.30 Uhr

ein literarisch - medialer Abend mit musikalischer Begleitung
... mit anschließender Laternen~ & Lichterführung
(LED / e-Light)
durch den Schlosspark

Ort:
Informations- & Ausstellungszentrum
Reinhardsbrunn Nr. 5
Reinhardsbrunn / Friedrichroda

Hierzu laden wir recht herzlich ein:
Martina Giese-Rothe & Peter Köllner sowie Andreas...

Tonsprache

»Die Tonsprache ist Anfang und Ende der Wortsprache, wie das Gefühl Anfang und Ende des Verstandes, der Mythos Anfang und Ende der Geschichte, die Lyrik Anfang und Ende der Dichtkunst ist.«

Mit diesem Zitat von Richard Wagner wenden wir uns dem jungen Trompeter Alexander Huth zu. Er setzte bereits seit der ersten Poesienacht 2013 gemeinsam mit seinem Großvater musikalische Akzente zwischen den literarischen Beiträgen der Autorinnen und Autoren.

Alexander ererbte von seinen Urahnen die Liebe zur Musik. Sein Großvater Andreas Krauße (* 1949) musiziert in seiner Freizeit auf dem Klavier und fungiert als ehrenamtlicher Organist in der Region. Im Posaunenchor Gößnitz erlernte er ab 1962 das Spiel auf dem Flügelhorn und war während der Oberschulzeit Mitglied des Posaunenchores Eisenach. 1972 zog er nach dem Studium an der Hochschule für Verkehrswesen Dresden nach Friedrichroda, heiratete dort und spielt wiederum im Posaunenchor mit - nunmehr gemeinsam mit seinem Enkelsohn Alexander.

»Während die Poesie den Geist verkörpern will, vergeistigt die Musik das Sinnliche.«

Diesem Leitgedanken von Franz Grillparzer folgte das Duo auch in Reinhardsbrunn.
Alexander wurde 2002 in Friedrichroda geboren und besucht das dortige „Perthes-Gymnasium".
Seinen ersten Kontakt zu einem Musikinstrument erhielt er im Kindergartenalter in einer Blockflötengruppe. Auf eigenen Wunsch hin erhielt er ab dem 8. Lebensjahr individuellen Trompetenunterricht, u.a. von der Kantorin Ellen Schwarz-Schertler und vom Güttler-Schüler und Landesposaunenwart Matthias Schmeiß. Seit 2011 ist er Mitglied des Posaunenchores der Kirchgemeinde Friedrichroda. In den Sommerferien besuchte er mehrfach Jungbläser-Camps, die unter Leitung der Thüringischen und Sächsischen Landesposaunenwarte standen.

Letzterer ermöglichte ihm 2014 und 2015 die Teilnahmen an der weihnachtlichen Vesper vor der Frauenkirche zu Dresden.

Bereits im Anfangsstadium seines Trompete-Lernens nahm er an der Landesmusikakademie TH in Sondershausen an einem Seminar "Hohes Blech" teil, das unter Leitung von Solotrompetern aus Berlin und Jena stand.

Seit 2010 bekommt er Klavierunterricht bei der Kantorin der Kirchgemeinde und seit 2015 auch noch Unterweisung im Orgelspiel. Im Haus der Kreismusikschule "Louis Spohr" in Gotha erhält Alexander seit 09/2014 Unterricht beim Trompeter der Thüringen Philharmonie Gotha, Herrn Albrecht Frank.
Mit besonderer Begeisterung nahm er an mehrtägigen Workshops für Blechblasinstrumente von "Harmonic Brass München" (07/2014 in Treffurt und 07/2015 in Schwarzenberg/Erzgebirge) teil.

Vom Leiter des europäischen Spitzenensembles "Classic Brass", Herrn Jürgen Gröblehner, erhielt er im Rahmen der Thüringen-Auftritte des Ensembles auch einen individuellen Einzelunterricht.

Ein "Funktionstraining für Blechbläser" besuchte er im April 2016 an der Neuen Jazzschool München e.V. bei Prof. Malte Burba, der an den Musikhochschulen Dresden und Mainz lehrt.

Sicher wird Alexander nie die Teilnahme an einem "Meisterkurs für Trompete" bei Herrn Prof. Ludwig Güttler an der Landesmusikakademie Sachsen auf Schloss Colditz im Frühjahr 2016 vergessen. Nach einer anspruchsvollen Aufnahmeprüfung wurde ihm dort die aktive Teilnahme am Kurs ermöglicht.

Alexanders größten Herausforderungen waren bisher "eigene" Adventskonzerte 2014 und 2015 und zwei Sommerkonzerte 2015 und 2016 für Trompete und Orgelbegleitung in der katholischen Kirche des Ortes. Den Poesienächten ist er gemeinsam mit seinem Großvater auch weiterhin mit der Tonsprache verbunden geblieben.

Andreas Krause / 2016

Die Autoren

Dr. med. R. Scharff

Martina Giese-Rothe

DI FH Peter Köllner

Claudia Paal

Walter Dawidowicz

Jürgen Herwig

Andreas Paasche

Uwe Zerbst

Vita - Dr. med. Roland Scharff

Vitalität sah noch anders aus, als ich im letzten Vorkriegsjahr das Licht der Welt erblickte. Als Nesthäkchen (damals war das ein üblicher Begriff) von drei Kindern erlebte ich eine glückliche Kindheit. Mein Geburtsort, Altenbergen, ist sogar noch vor Reinhardsbrunn und Schauenburg von den späteren Thüringer Landgrafen besiedelt worden.

In der Kriegs- und Nachkriegszeit mit dem Flüchtlingselend wurde durch das vorbildliche Solidaritäts-Verhalten meiner Eltern mein humanitäres Empfinden sehr nachhaltig geprägt nicht von ungefähr resultiert mein Unverständnis gegenüber der Herzlosigkeit vieler Landsleute und der ablehnenden Haltung der osteuropäischen EU-Gewinnstaaten in der jetzigen Flüchtlingskrise.

Schule machte mir insgesamt Freude, sie führte mich zum Abitur an der Gothaer Arnoldischule. Das Wunschstudium der Veterinärmedizin wurde mir trotz freiwilliger zweijähriger NVA-Zeit nicht gewährt. Schließlich konnte ich von 1959 bis 1965 in Leipzig und an der MA Erfurt das Studium der Humanmedizin absolvieren.

In diesem Jahr beendete ich meine 50-jährige Tätigkeit als Gynäkologe und Geburtshelfer am Friedrichrodaer Krankenhaus. Mit dem Erlebnis und der vieltausendfachen Hilfe bei der Geburt neuer Erdenbürger, durch tausende Operationen und Begegnungen mit Freude und Leid blicke ich gern auf dieses halbe Jahrhundert zurück. Seit (Vor PK) wenigen Jahren überkam mich die Muse der Lyrik, die neben Radfahren und Autobahnkilometern zu unseren Söhnen mit ihren Familien fuhren, zu einer meiner liebsten Freizeitbeschäftigungen wurde. Veröffentlichungen meiner Gedichte gab es in mehreren Almanach-Ausgaben des Verbandes Deutscher Schriftsteller-Ärzte. 2011 habe ich die Veröffentlichung eines eigenen Gedichtbandes mit knapp 300 Gedichten gewagt; gewagt sage ich, weil Lyrik in der heutigen Zeit keine nennenswerten Quoten an Interessenten erzielt Seit 2011 habe ich nach einem Einstiegskurs bei den "Dienstagsmalern" ein weiteres Hobby gefunden. Lyrik und Malerei eines Autodidakten in hochreifem Alter sind eine für mich mehr als erfüllende kreative Beschäftigung.

Sicherung und auch Basis für mein tragendes Glücksgefühl sind nicht zuletzt die mehr als 50-jährige Einehe mit meiner Frau Lilo, unsere drei Söhne, die unsere Familie inzwischen mit neun Enkeln und einer Urenkelin bereicherten.

So es Gott gefällt, würde ich gern noch viele Jahre das Erdenleben aktiv genießen.

Mein sehnlichster Wunsch besteht in der Erhaltung des Friedens. Dazu müssen jedoch manche führenden Politiker klüger werden, um auch Kehrtwendungen zu vollziehen.

Einzelveröffentlichung:

"Erlebtes gefühlt - Ein Gedankenrausch";
Verlag Südwestbuch; ISBN: 978-3-942661-13-3

Vita - Martina Giese-Rothe

Martina Giese-Rothe wurde 1969 geboren und wuchs in einem idyllischen Dorf am Tor zur Rhön auf.

Nach der Schulzeit durchlief sie eine Berufsausbildung im öffentlichen Dienst, in dem sie bis heute als Verwaltungsangestellte tätig ist.
Zudem absolvierte sie ein Studium der Philosophie, welches sie noch weiter in Prosa und die Lyrik hineinführte.

Eine ihrer Leidenschaften ist seit vielen Jahren das Schreiben. Die Autorin publiziert seit 2001 vorzugsweise Gedichte und Kurzgeschichten. Ihr besonderes Interesse gilt seit jeher den unseren Alltag prägenden Frauenpersönlichkeiten unserer heimischen Vergangenheit, vom Mittelalter über die Neuzeit bis hinein in das Zeitgeschehen des frühen 20. Jahrhunderts. Ihr besonderes Interesse gilt der Heiligen Elisabeth von Thüringen und Hessen sowie Kloster, Schloss und Park Reinhardsbrunn.

Ihrem Faible verleiht sie in Vorträgen und Lesungen Ausdruck.

In Anbindung an den Reinhardsbrunner Elisabeth-Tag rief sie die von 2013 bis 2017 jährlich stattgefundene "Poesienacht Reinhardsbrunn" ins Leben.

Weitere Infos: www.giese-rothe.de
E-Mail: giese-rothe@e-mail.de

Vita – Peter Köllner

Peter Köllner wurde 1955 geboren und wuchs im Herzen von Thüringen in der wunderschönen Kurstadt Friedrichroda auf.

Nach seiner Schulzeit in Friedrichroda und Gotha, wo er das altehrwürdige Arnoldi-Gymnasium besuchte, absolvierte er ein Fachhochschulstudium in den Bereichen Elektronik, Kommunikations- und Elektrotechnik im Raum Berlin. In Folge war er als Techniker und Technologe im Elektroanlagenbau, als Computer- und Kommunikationstechniker und auch im Marketing tätig. Das prägte seine berufliche Laufbahn für die Jahre bis zum Ausscheiden aus der berufspraktischen Tätigkeit. Seine Kenntnisse gab er auch als Dozent in der Erwachsenenbildung weiter.

Eine entscheidende Wendung nahm sein Schaffen dann in den Jahren 1989/~90. Fortan bestimmten seine kommunalpolitischen Aktivitäten sein berufliches und ehrenamtliches Engagement. So war er seitdem haupt- und nebenamtlich an vorderster Stelle fast 20 Jahre in seinem Heimatort, aber auch in Gotha und Erfurt tätig.

Heute liegt der Schaffensschwerpunkt in der Mediation im kommunalen Bereich und der Erstellung von schwerpunktorientierten Beiträgen zur Regionalgeschichte, mit dem Ziel der Erschließung des touristischen Potenzials derselben, um so eine fundierte Basis für ein zukunftsorientiertes Handeln anzubieten.

.

Ein Leitgedanke seines Handelns lautet: "Kultur schafft Identität"

Vita - Claudia Paal

Claudia Paal ist eine Neunzehnhundertdreiundachzigerin, sie erblickte in der Würstchenstadt Halberstadt das Licht der Welt.

Sie lebt in Trusetal am schönen Wasserfall als Leserin, Bastlerin von Ge-schichten, Schreiberin von Prosa und Wortzerlegerin.

Kurzgeschichten für Anthologien und Literaturzeitschriften sind aus ihrer Feder entstanden.

Sie liest ihre Geschichten auf Lesebühnen und wird neuerdings auch schon mal als kleiner Programmfüller für Wasserglaslesungen und Kulturveranstaltungen eingeladen.

Weitere Infos: www.claudia-paal.de
E-Mail: claudia.paal@web.de

Vita - Jürgen Herwig

Jürgen Herwig, 1961 im hessischen Hünfeld geboren, studierte Germanistik, Politik- und Erziehungswissenschaften an der Universität Marburg. Nach Wanderjahren in Rheinland-Pfalz unterrichtete er ein Jahrzehnt an einer Waldorfschule am Fuß der hessischen Rhön.

2009 zog Herwig in den Unstrut-Hainich-Kreis nach Thüringen, lebt seit 2011 in Waltershausen und unterrichtet seither in Eisenach in der beruflichen Bildung.

Herwig schreibt Lyrik und Prosa, war zehn Jahre Mitglied der fränkischen Autorengruppe "Lo Scritto" und Juror beim Mellrichstädter Literaturwerkstattpreis. 1999 - 2002 leitete er die Lyrikwerkstatt Oepfershausen in Thüringen, ehe er die "Rhöner Literaturwerkstatt" an der Kunststation Kleinsassen gründete und ihr sieben Jahre lang Impulse gab.

Von 2002 – 04 war Herwig Mitherausgeber in einem Forschungsprojekt der Universität Freiburg, das die kommentierte Neuherausgabe historischer Literatur von Frauen um 1900 verfolgt. Seit 2008 widmet er sich dem Minnesang und verfasst Balladen und Lieder als "Georg vom Hiunenfeld".

Einzelveröffentlichungen:

CAMPO ALTO, landläufige lyrik in sieben gängen, illustriert von Ines Gottwalt, Mellrichstadt 2001

INSELN, sechzehn gedichte zu bildern von Hans Otto Fentrop, Mellrichstadt 2007

ANNO X, lockruf lyrik, zeichnungen von Gernot Ehrsam, Stockheim 2009

KUTZLEBENDIG, lyrik vom lande, mit fotografien des autors, Stockheim 2010

Vita - Walter Dawidowicz – alias: Walter von F'roda

Walter Dawidowicz wurde am 03.10.1944 in Dresden geboren. Aufgrund der Zerstörung Dresdens im Jahre 1945 durch den "Feuersturm" siedelte die Familie nach Friedrichroda über.

Hier besuchte er von 1951 bis 1961 die Schule und schloss diese mit der Mittleren Reife ab. Im Anschluss absolvierte er eine Lehre als Industrieuhrmacher.
Von 1964 bis 1967 stand er im Dienst der NVA. Aus politischen Gründen flüchtete er 1972 aus der DDR in die Bundesrepublik. Anfangs war er in der Uhrenwerbebranche, mit Auslandsaufenthalten in Hongkong und China, tätig. Nach langjähriger Tätigkeit machte er sich als Handwerksuhrmacher in Speyer/Harthausen selbstständig.

Mit Eintritt in den Ruhestand kehrte Walter Dawidowicz in seinen "Heimatort" Friedrichroda zurück. Er engagiert sich u. a. ehrenamtlich im Kultur- und Geschichtsverein und ist sehr am Gemeinwohl interessiert. Eine wohl passende Beschreibung für ihn wäre, dass er ein Wanderer durch unsere Zeit und ein Beobachter des Zeitgeschehens ist, der sein Empfinden mit Worten Ausdruck zu verleihen sucht.

PS.:

Walter starb am 18. Dezember 2024 in seiner Wahlheimat Friedrichroda.

Zahllose Gespräche, den Wanderfreund, Subbotniks, Veranstaltungen, Poesienächte, gemeinsam auch im ehemaligen Förderverein für Reinhardsbrunn und vieles mehr, haben wir als Schlossfreunde mit Walter zusammen erleben dürfen. Diese wunderbaren Erinnerungen werden uns immer begleiten.

Vita - Andreas Paasche

Andreas Paasche wurde im Jahr 1970 in Friedrichroda geboren. Diese Kleinstadt nennt er auch heute noch sein Zuhause.

Hier verlebte er die Kindheit und besuchte die örtliche Polytechnische Oberschule. Im Anschluss daran erlernte er den Beruf des Krankenpflegers und war seit 1990 im ortsansässigen Krankenhaus beschäftigt. Heute ist er in der ambulanten Krankenpflege tätig.

In seiner Freizeit setzt er sich mit der Regionalgeschichte auseinander und ist aktives Mitglied in verschiedenen Vereinen.

Sein Interesse gilt neben der heimatkundlichen Orientierung, vor allem auch den Belangen der Kommunalpolitik, in der er einige Jahre als Stadtrat war.

Schon geraume Zeit gestaltet er Führungen durch die Schlossparklandschaft und das Schlossgelände. Basierend auf seinem langjähriges Engagement konzentriert er sich heute auf originell gestaltete Gästeführungen, die begeistern.

Seit einigen Jahren schreibt er Berichte und Kurzgeschichten. So erschienen schon 2010 im R. G. Fischer-Verlag Frankfurt/M. in der Reihe "Erlebt, erzählt und aufgeschrieben"– Dokumente erlebter Zeitgeschichte unter dem Titel "Schloss Reinhardsbrunn – Märchenschloss meiner Kindheit" seine ganz persönlichen Erlebnisse zu Reinhardsbrunn.

Vita - Uwe Zerbst

Uwe Zerbst wurde am 15.09.1947 in Königs-Wusterhausen geboren. Von 1948 an bis 1971 lebte Zerbst in Jena. Hier besuchte er von 1954 bis 1966 die Schulen bis hin zum Abiturabschluss. Im Jahr 1971 siedelte er, nach dem Abschluss eines Hochschulstudiums der Mathematik, nach Gotha über. Seit dieser Zeit ist Gotha seine erklärte Wahlheimat.

Seine berufliche Laufbahn fokussierte sich über viele Jahre, bis 1994, auf den Bereich der Datenverarbeitung, ab dem Jahr 2005 bis 2010 verlagerte sich seine berufliche Tätigkeit hin zur Kundenbetreuung im Softwarebereich.

Mit Eintritt in den Ruhestand richtete Zerbst seinen Schaffensfocus auf die Intensivierung von sozialen Kontakten im Interesse eines kulturell orientierten Gemeinwohls. Schon seit 2004 wirkte er maßgeblich, ehrenamtlich daran mit, dementsprechende Veranstaltungen durchzuführen: so z. B:

"Engagiert für Gotha … einmal privat";

ca. achtzig Mal das "Musikalische LiteraturCAFÉ";

ca. einhundert Mal in der- und für die "Volkssolidarität Gotha"; u.a.m.

Seit 2008 schreibt Uwe Zerbst als Bürger-Reporter für Internetportale.

Sein Wissen teilt er, trotz Ruhestand, als Nachhilfelehrer für Mathematik in der "Schülerhilfe Gotha".

Literaturverzeichnis

(für die Texte mit historischem Bezug)

Merkwürdige und Auserlesene Geschichte von der bekannten Landgrafschaft Thüringen, in 33 Kapiteln, Anno 1685

Ludwig der Springer Zweyter Graff zu Thüringen; ALTENBURG, Bey Johann Ludwig Richtern, F.S.Hof-Buchdr. 1713

THVRINGIA SACRA, FRANCOFVERTI, EX OFFICINA WEIDMANNIANA, M DCC XXXVII (1737)

Ludwig der Springer – Graf von Thüringen – zwey Theile Leipzig, in der Weygandschen Buchhandlung, 1791

Urkundliche Geschichte des Klosters Reinhardsbrunn / Reinhardsbrunn als Amt und Lust-schloss von Dr. I. H. Möller, Gotha, Verlag von J.G. Müller 1843

Die Schauenburg, Das Ahnenschloß der Landgrafen von Thüringen und Fürsten von Sachsen, von Dr. C. Polack, Gotha, Verlag von J. G. Müller 1858

Thüringer Sagenbuch 1. Band, Ludwig Bechstein, Wien und Leipzig, C.A. Hartlebens Verlags-Expedition, 1858

Geschichte der heiligen Elisabeth von Ungarn, Landgräfin von Thüringen und Hessen (1207 – 1231), Nach dem Französischen des Grafen Montalembert, Pair von Frankreich 5. Auflage, Köln 1864, Verlag von I.M.Heberle (H. Lempertz).

Die heilige Elisabeth, Vortrag von Dr. K. F. A. Kahnis am 20. März 1868 zu Leipzig; verlegt: Gotha, Friedrich Andreas Perthes, 1868

Geschichte des Klosters Reinhardsbrunn, nebst einer Baugeschichte des Schlosses Reinhardsbrunn; Herausgegeben von Lorenz G. Löffler, Autor: Sigmar Löffler; Erfurt und Waltershausen 2003

Quelle ungedruckt: Queen Victoria's Journal, im Internet unter http://www.queenvircto-riasjournals.org (© Queen Elisabeth II. und © Bodleian Library); Queen Victoria's Journal ist leider nur für Nutzer im UK (United Kingdom) zugänglich.

Ich beziehe mich insbesondere auf die Abschrift von Princess Beatrice

Nach meinem Dafürhalten sind die "Queen Victoria's drafts" und "Princess Beatrice's copies", die nur Teile dieser Veröffentlichung sind, keine völlig übereinstimmenden Schriftsätze. Wichtig hierbei ist m.E., dass es sich bei "Queen Victoria's drafts" nicht um das Original-Tagebuch von 1845 handelt. Es ist vielmehr eine spätere, eigenhändige Ab-schrift durch die Queen selbst. Nach Angabe der Bodleian Library war diese wahrschein-lich für eine ehedem geplante Veröffentlichung in Buchform vorgesehen.

Die Drucklegung ist aber nie erfolgt, weshalb wohl der Weg der Veröffentlichung im oben benannten Portal beschritten wurde.

Das Zitat, betreffend Reinhardsbrunn, findet sich auf der Seite Queen Victoria's drafts Band 4, S.62b; als auch in Princess Beatri´s Copies Band 20, S.124.

Bildnachweis

Fotos:

Dr. R. Scharff:

Seite 72 - (Schlosspark Reinhardsbrunn – nordwestlich vom Schloss),
Seite 73 - (Schloss Reinhardsbrunn - Blick nach Süden, zum Rosengarten, durch das Tor des Saalgebäudes),
Seite 74 - (Kapelle im Außenpark von Reinhardsbrunn. Es handelt sich um einen Nachbau der Johanniskirche zu Altenbergen und ist Taufkirche von Landgraf Ludwig IV. (Ehegatte der Hl. Elisabeth) gewesen.)

Martina Giese-Rothe:

Cover vorn (Bildkomposition Westansicht Schloss Reinhardsbrunn),
Cover hinten (Detail und Bearbeitung - aus der Elisabethkirche zu Marburg),
Seite 48 und 54

Peter Köllner:

Seite 36, Seite 37, Seite 38, Seite 39, Seite 40, Seite 41, Seite 42, Seite 43,
Seite 57 - (Detailaufnahme und Bearbeitung - aus dem Flügelaltar im Dom zu Bratislava),
Seite 84, Seite 149 - (Plakate der bisherigen Veranstaltungen zur Reinhardsbrunner Poesienacht)
Seite 20 - (graphische Darstellung; Quelle: www.klimafakten.de; Internet –Vademecum)

Gemeinfrei:

Die nachfolgenden Bilder/Darstellungen sind gemeinfrei (public domain) weil die Schutzfrist der Originale, seitens der Ersteller, nach deren Ableben, von 80 Jahren oder weniger, als abgelaufen gilt.

Seite 23 - Schloss Tenneberg, Kopie, Getönte Lithografie, 1846., nach Douglas Morison. 28,5 x 44,7 cm (Darstellung) / 36,9 x 54,2 cm (Blatt). Aus: Douglas Morison, Views of the Ducal Palaces and Hunting Seats of Saxe Coburg and Gotha (London: Hogarth 1846; Douglas Morison (1810 Tottenham - um 1846). Englischer Aquarellmaler und Lithograph, Quelle: priv. Sammlung H. Albrecht (*1922, zwischenzeitlich verstorben)

Seite 45 - Abschied auf der Wartburg zum Kreuzzug, Nach einer Originalzeichnung von

A. Zick (1845 -1907) aus »Bilderbuch der deutschen Geschichte«Ausgabe1890 Union Deutsche Verlagsgesellschaft. Quelle: Deutschland-im-Mittelalter.de

Seite 49 - Burg Rákóczi; Geburtsort der Heiligen Elisabeth, Quelle: Wikipedia
Seite 83 - AK – Blick aus dem Rosengarten von 1913, Größe: 14 x 9,5 cm, Kopie, Quelle: priv. Sammlung. H. Albrecht (*1922, zwischenzeitlich verstorben)

Seite 87 - Der Buckingham Palast 1837, Quelle: Wikimedia Commons, Dieser 1837 veröffentlichte Stich von J. Woods (nach einem Bild von Hablot Browne and R. Garland) zeigt den Buckingham-Palast, wie er für den 1830 verstorbenen Georg IV. errichtet worden war – mit dem (später versetzten) Marble Arch (links) als Eingangstor

Seite 89 - Schloss Rosenau, Date between 1890 and 1905, Source Original image: Photochrom print (color photo lithograph), Quelle: Wikimedia Commons

Seite 90 - Schloss Callenberg, Lustschloss und früherer Wohnsitz Herzog Ernst II.; Quelle: Kopie priv. Sammlung. H. Albrecht (*1922, zwischenzeitlich verst.), Stahlstich aus Georg Wigand »Das malerische Deutschland 10 Bd. Leipzig 1836-1841 / Leipzig 1840

Seite 91 - Burg Landsberg, aus Die Gartenlaube, 1858 (The Garden Arbor), unbekannter Künstler, Quelle: Wikimedia Commons

Seite 92 - AK Das Heuberghaus ca.1890, Kopie, Quelle: priv. Sammlung H. Albrecht (*1922, zwischenzeitlich verstorben)

Seite 93 - Thüringer Landschaft, Berge nahe Reinhardsbrunn, Lithographie von Ferdinand Zschäck (1801-1877), Mitte 19.JH., Kopie, Quelle: priv. Sammlung H. Albrecht (*1922, zwischenzeitlich verstorben), auch in Royal Collection Trust

Seite 94 - AK Zeichnung Alt Friedrichroda ca.1840, Künstler unbekannt, Kopie, Quelle: priv. Sammlung H. Albrecht (*1922, zwischenzeitlich verstorben)

Seite 95 - Ansicht Schloss Reinhardsbrunn 1839, Image from page 073 of volume 1 of Thüringen und der Harz mit ihren Merkwürdigkeiten, Volkssagen und Legenden ..., by Friedrich von SYDOW. Original held and digitised by the British Library. Quelle: Wikimedia Commons

Seite 96 - alte Schlosskapelle, Zeichnung von C.Patschke 1849, Kopie, Quelle: priv. Sammlung H. Albrecht (*1922, zwischenzeitlich verstorben), Original Schlossmuseum Gotha im Kupferstichkabinet

Seite 100 - Blick auf Schloss Friedrichtal, Gotha Orangeriegarten um 1900 - zwischen 1890 und 1905, Photochrom print (color photo lithograph), Quelle: Wikimedia Commons

Seite 112 - Blick auf Reinhardsbrunn, Zeichnung um 1850, unbekannter Künstler, Kopie, Quelle: priv. Sammlung H. Albrecht (*1922, zwischenzeitlich verstorben)

Seite113 - Schloss Reinhardsbrunn, Stahlstich 1838, Meyer's Universum, oder, Abbildung und Beschreibung des Sehenswerthesten und Merkwürdigsten der Natur und Kunst auf der ganzen Erde, Fünfter Band, Druck und Verlag vom Bibliographischen Institut, Hildburghausen, Amsterdam und New-York,1838, Author Bibliographisches Institut. Quelle: Wikimedia Commons

S.113 - AK Die Kleinstadt Friedrichroda, ca. 1845, unbekannter Künstler, farbige Kopie, Quelle: priv. Sammlung H. Albrecht (*1922, zwischenzeitlich verstorben) auch in: Royal Collektion Trust

S.114 - AK Die Jägersruhe, um 1845, erstellt von Heinrich Brückner (1805-1892), farbige Kopie, Quelle: priv. Sammlung H. Albrecht (*1922, zwischenzeitlich verstorben), auch in: Royal Collektion Trust

Seite 115 - Jagdszene (The deer drive near Reinhardsbrunn, 30 August 1845 drawn 1845) Maler H.J.Schneider, Royal Collektion Trust, Quelle: Wikimedia Commons

Seite 116 - Blick auf den Inselsberg Mitte 19.JH., Zeichnung unbekannter Maler, Kopie, Quelle: priv. Sammlung H. Albrecht (*1922, zwischenzeitlich verstorben)

Jetzt in stark überarbeiteteter und erweiterter Neuauflage im einschlägigen Buchhandel erhältlich.

Geschichten, Mythen und Fakten von Gestern bis Heute

Heilige Elisabeth und ihre Liebe zu Reinhardsbrunn

ISBN 978 3 7693 2616 1

Autoren : Martina Giese-Rothe, Andreas
             Paasche und Peter Köllner
Verlag: BoD, 2025, 270 Seiten

Erfahren Sie in dieser Sammlung von spannenden Ereignissen aus dem Leben von Elisabeth von Ungarn, Thüringen und Hessen und wie diese mit Reinhardsbrunn verflochten sind. Erhalten sie Einblicke in Geschehnisse, die das Antlitz des Tales geprägt haben. Warum stand Reinhardsbrunn 1862 für einen ganzen Monat im Fokus der Welt? Werden sie Zeuge, wie genau jetzt eine neue Zukunft für das heutige Schloss Reinhardsbrunn mit seinen ausgedehnten Parkanlagen Gestalt annimmt. Seien Sie den Park-Gides mit diesem Wissen vielleicht sogar einen Schritt voraus.

Das Büchlein erschien in 2016 beim Verlag BoD und schließt in der nun vorliegenden Fassung nahtlos an das vorliegende Buch an.

Leseprobe:

Tod beim Hochzeitswalzer

18. August 1822

Lautes Lachen, Freude und ausgiebige Feierlaune machte an diesem Tage hier im herzoglichen Parkhotel in der Nähe des Schlosses seine Runde. Es gehörte fest in den Außenpark von Reinhardsbrunn und beherbergte oft Gäste des damaligen Herzogs. Leider existiert dieses nicht mehr, da es in 2001 abgerissen wurde. Der Sohn des damaligen Königlich Sächsischen Amtsverwalters feierte hier seine Hochzeit. Von je her feiert man schon in gleicher Weise diese Art der ehelichen Verbindung. Erst erfolgt die eigentliche Eheschließung, im Anschluss daran wird dies ausgiebig gefeiert. So sollte es auch bei dieser Hochzeit sein, doch es kam ganz anders. Der Brautvater, der Königlich Sächsische Amtsverwalter, eröffnete mit der Braut die Feier mit einem Tanz, klassischerweise mit dem Walzer.

Als dieser beendet wurde, ereignete sich folgendes tragisches Schicksal, welches im Staatsarchiv Gotha folgenderweise festgehalten und nachzulesen ist:

Todes-Anzeige

Am 18ten dieses Monates, mittags 1:00 Uhr, entriss mir ein plötzlicher Tod meinen geliebten Vater in seinem 56. Lebensjahr auf eine höchst niederschlagende und traurige Weise. An jenem Tage nämlich, wo ich in Gesellschaft meines gedachten Vaters, der nächsten Verwandten und Freunde, meine am Morgen dieses Tages allhier vollzogene eheliche Verbindung mit der Tochter des Herrn Senators zu Reinhardsbrunn zu feiern beabsichtigte, halle mein Vater bald nach unserer Ankunft daselbst in der frohesten und vergnügtesten Laune meine nunmehrige Gattin zu einem Walzer engagiert, kaum aber einmal im Saale herumgewalzt und sich wieder niedergesetzt, als er plötzlich von einem Schlagflusse getroffen wurde und in Folge dessen wenige Minuten darauf, zum Erstaunen der Anwesenden, dadurch in die größte Bestürzung geratenen Gäste, ohngeachtet aller zu seiner Wiederbelebung auf das schnellste angewendeten und möglichen Versuche, in meinen Armen verschied.

Allen meinen Freunden und Bekannten hier selbst, welche meinen verewigten Vater gekannt haben und meinen tiefen Schmerz über den Verlust desselben erwägen können, zeige ich dieses höchst traurige Ereignis mit betrübten Herzen an und empfehle mich, unter höflichster Verbittung aller, meinen Schmerz nur vergrößernden Beileidsbekundungen, ihrem ferneren freundschaftlichen Wohlwollen. ...